Libras: aspectos fundamentais

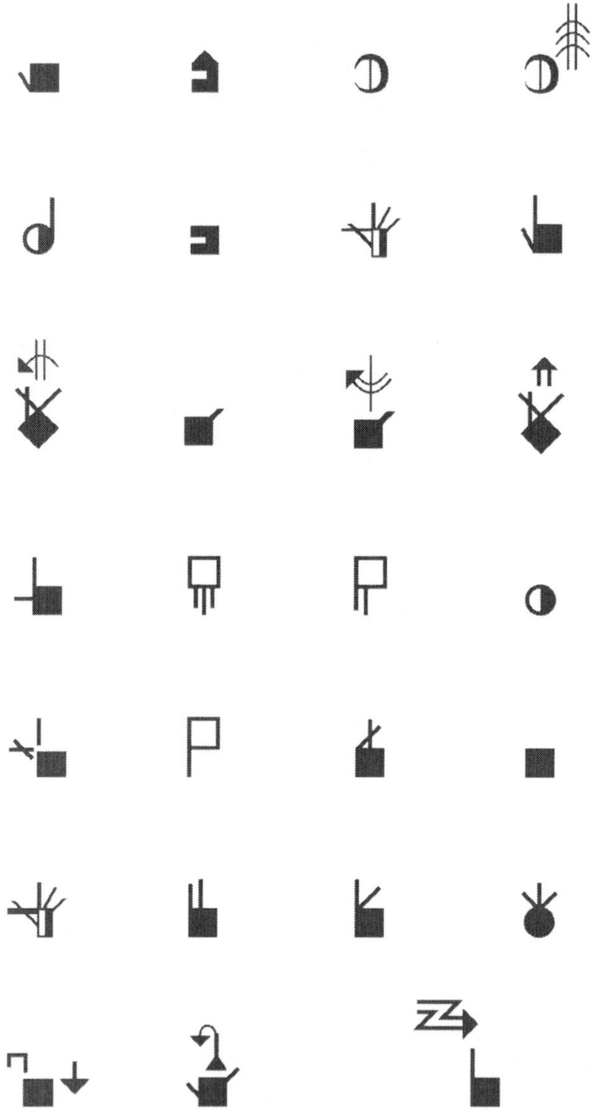

intersaberes

Libras: aspectos fundamentais

Cristina Broglia Feitosa de Lacerda
Lara Ferreira dos Santos
Vanessa Regina de Oliveira Martins
(Org.)

Rua Clara Vendramin, 58 ▪ Mossunguê
CEP 81200-170 ▪ Curitiba ▪ PR ▪ Brasil
Fone: (41) 2106-4170
www.intersaberes.com.br
editora@intersaberes.com

Editora-chefe
Lindsay Azambuja

Gerente editorial
Ariadne Nunes Wenger

Assistente editorial
Daniela Viroli Pereira Pinto

Preparação de originais
Gilberto Girardello Filho

Edição de texto
Tiago Cordeiro
Camila Rosa

Capa
Sílvio Gabriel Spannenberg

Projeto gráfico e diagramação
Mayra Yoshizawa

Equipe de *design*
Mayra Yoshizawa
Sílvio Gabriel Spannenberg

Iconografia
Regina Claudia Cruz Prestes

As fotos não creditadas no miolo foram produzidas por Halisson Roberto de Souza e Júlio César Pinheiro. As sinalizações foram realizadas pela professora Rafaela Piekarski Hoebel Lopes dos Santos.

1ª edição, 2019.

Foi feito o depósito legal.

Dados Internacionais de Catalogação na Publicação (CIP)
(Câmara Brasileira do Livro, SP, Brasil)

Libras: aspectos fundamentais/Cristina Broglia Feitosa de Lacerda, Lara Ferreira dos Santos, Vanessa Regina de Oliveira Martins (Org.). Curitiba: InterSaberes, 2019.

Vários autores.
Bibliografia.
ISBN 978-85-5972-888-0

1. Deficientes auditivos – Aspectos sociais 2. Língua Brasileira de Sinais 3. Língua de sinais 4. Linguística – Cognição I. Lacerda, Cristina Broglia Feitosa de. II. Santos, Lara Ferreira dos. III. Martins, Vanessa Regina de Oliveira.

18-20013 CDD-419

Índices para catálogo sistemático:
1. Deficientes auditivos: Língua e sinais 419
Maria Alice Ferreira – Bibliotecária - CRB-8/7964

Sumário

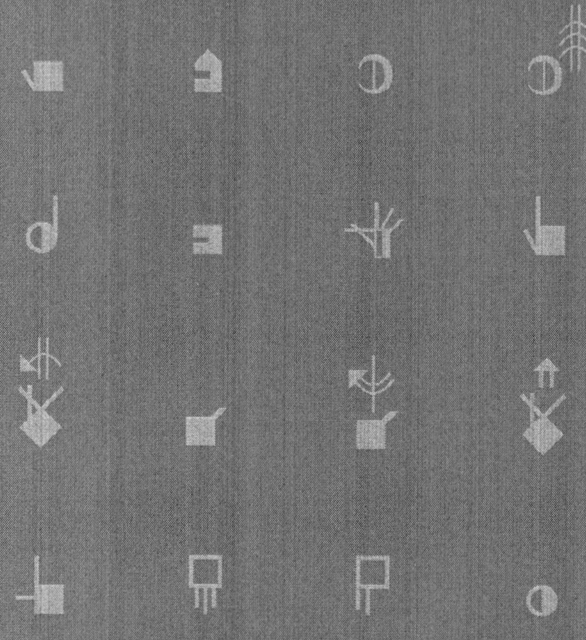

Apresentação

O presente livro tem por objetivo servir como material didático e proporcionar ao leitor um panorama geral da Língua Brasileira de Sinais (Libras), em sua materialidade linguística, através de estudos voltados para questões estruturais, e ainda, em seus diversos espaços de circulação como produto cultural.

Nesta obra, optamos pelo uso da sigla Libras (como nome da língua estudada) por ser a forma mais usada nos documentos oficiais. Salientamos também que os capítulos trazem concepções teóricas que tratam a Libras como constitutiva de sujeitos surdos, mas que demanda a relação entre eles para que seja adquirida, isto é, sua aquisição não ocorre de forma espontânea, sem interação e intervenção social.

Outra característica presente na obra é o reconhecimento da Libras na sua modalidade visual e gestual, diferente das línguas orais. Para marcar essa característica linguística, optamos pelo uso do termo *gesto-visual*. No entanto, reconhecemos outras formas de nomeação para a modalidade das línguas de sinais, como: espaço-gesto-visual, visto-gesto-espacial, espaço-visual, visto-gestual, entre outras.

Sobre a importância desta obra, destaca-se que por meio da Lei n. 10.436, de 24 de abril de 2002 (Brasil, 2002), a Libras foi reconhecida como meio legal de comunicação e expressão das comunidades surdas brasileiras. Além disso, com a regulamentação dessa lei, pelo Decreto n. 5.626, de 22 de dezembro de 2005 (Brasil, 2005), ela passou a ser língua obrigatória no currículo das graduações voltadas à formação de professores/licenciados. Desde então, refletir sobre a língua de sinais na constituição subjetiva de alunos surdos, bem como oferecer um adensamento teórico e conceitual sobre essa língua, é, sem dúvida, tarefa a ser traçada no ensino superior.

Este material, portanto, dividido em sete capítulos, dedica-se a fundamentar questões relevantes para a temática da surdez numa vertente linguística e cultural, salientando a língua de sinais como constitutiva da pessoa surda e engajando-a nas discussões socioantropológicas da surdez. Os capítulos aqui desenvolvidos foram articulados tomando o surdo pela sua diferença linguística, e não como sujeito que deve ser reabilitado por meio de práticas voltadas ao ensino da oralidade. É por isso que o leitor vai encontrar nos capítulos a discussão da língua de sinais em seus aspectos linguísticos, educacionais, sociais, afetivos, entre outros, sempre voltados às noções sociais da linguagem humana.

No Capítulo 1, "Língua de sinais como língua das comunidades surdas", as autoras desenvolvem uma discussão sobre a importância da língua de sinais no processo de aquisição de linguagem em crianças surdas, bem como os problemas de atraso nesse processo quando feito tardiamente. Elas salientam que a língua de sinais, por ser gesto-visual, não cria nenhum impedimento orgânico para pessoas surdas, diferente das línguas orais-auditivas. Ainda, as autoras apresentam as relações entre sujeito, linguagem e as relações familiares no contexto da surdez.

No Capítulo 2, "Língua oral-auditiva e língua gesto-visual", articulados ao primeiro capítulo, os autores apresentam as distinções de modalidades entre as línguas orais e de sinais e suas implicações na relação linguístico-estrutural-comunicacional. Fazem análises das questões desdobradas e da positividade, que concerne ao funcionamento e uso de uma língua gestual-visual em pessoas surdas.

No Capítulo 3, "Sistema linguístico da Libras", as autoras apresentam a estrutura linguística da língua de sinais, bem como as pesquisas que compravam cientificamente o *status* de língua natural atribuído a ela, por meio do reconhecimento de princípios e processos linguísticos presentes nas línguas orais. Elas apresentam questões específicas da estrutura linguística da Libras, exemplificando as relações fonológicas, morfológicas, sintáticas, semânticas e pragmáticas em interação dialógica entre tais categorias.

No Capítulo 4, "Estrutura da Libras e expressão de conceitos", os autores desenvolvem uma reflexão articulada ao Capítulo 3, todavia, apresentam de modo mais teórico e prático o uso da Libras por sujeitos surdos e a potencialidade dessa língua na produção de sentidos diversos. Há um cuidado em apresentar a língua de sinais como língua de expressão das comunidades surdas e seu caráter simbólico e constitutivo de produções enunciativas aos falantes desse idioma.

No Capítulo 5, “Libras no território brasileiro”, as autoras fazem um levantamento histórico sobre a presença dessa língua em diversas esferas sociais, bem como a respeito dos regionalismos e idioletos presentes no uso da Libras, levando em conta, também, a forma de padronização dessa língua, os registros produzidos em dicionários e glossários e, ainda, as novas formas de manutenção e disseminação dessa língua gesto-visual por meio das ferramentas tecnológicas digitais atuais.

No Capítulo 6, “Libras no contexto educacional”, as autoras propõem um levantamento histórico geral sobre a educação de surdos, aprofundando as análises atuais de suas implicações nas políticas educacionais no Brasil. Elas apresentam três abordagens educacionais ainda vigentes em práticas escolares que difundem a concepção ativa sobre o sujeito surdo, sua língua e os diferentes usos e funcionamento da linguagem. No interior do texto, defendem a substituição da massiva ideologia da necessidade de produção oral para uma educação baseada na Libras como língua de instrução, numa escola que promova diálogo com as comunidades surdas.

No Capítulo 7, “Libras no contexto socioeconômico-cultural”, as autoras finalizam a obra com a linha dorsal que caracteriza e fundamenta este livro: a concepção sociocultural dada à surdez. Apresentam uma discussão sobre língua e linguagem e a disseminação da Libras nas diversas esferas sociais como um produto cultural de grande valor para as comunidades surdas brasileiras.

Desse modo, esperamos que você possa aprofundar seus conhecimentos quanto aos estudos da surdez na perspectiva da diferença, com relação tanto aos aspectos linguísticos quanto às questões sociais concernentes à Libras. Para tanto, ressaltamos a importância das lutas por políticas educacionais e linguísticas para as comunidades de surdos no Brasil, tendo a noção de que a língua de sinais é não só base da constituição identitária das pessoas surdas, mas, também, um valor cultural.

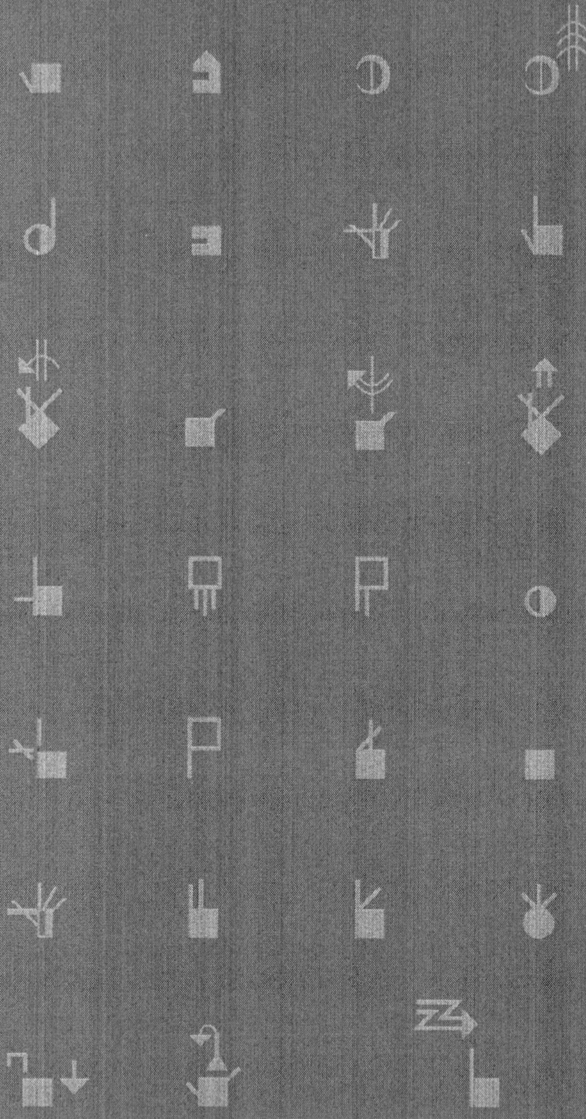

Organização didático-pedagógica

Esta seção tem a finalidade de apresentar os recursos de aprendizagem utilizados no decorrer da obra, de modo a evidenciar os aspectos didático-pedagógicos que nortearam o planejamento do material e como você, leitor, pode tirar o melhor proveito dos conteúdos para seu aprendizado.

Introdução do capítulo

Beatriz Aparecida dos Reis Turetta
Cristina Broglia Feitosa de Lacerda

Neste capítulo, optamos por iniciar a discussão abordando a importância da aquisição de uma língua para o desenvolvimento de qualquer ser humano. Em seguida, analisamos os conceitos de língua natural e de língua de sinais, na tentativa de tornar evidente que esta deve ser respeitada como língua das comunidades surdas[1], e que as línguas de sinais se constituem de maneiras diferentes em

21

Logo na abertura do capítulo, você é informado a respeito dos conteúdos que nele serão abordados, bem como dos objetivos que os autores pretendem alcançar.

Síntese

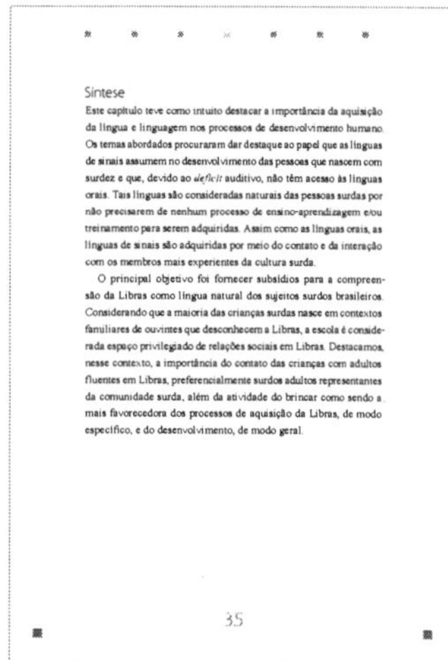
Síntese

Este capítulo teve como intuito destacar a importância da aquisição da língua e linguagem nos processos de desenvolvimento humano. Os temas abordados procuraram dar destaque ao papel que as línguas de sinais assumem no desenvolvimento das pessoas que nascem com surdez e que, devido ao *deficit* auditivo, não têm acesso às línguas orais. Tais línguas são consideradas naturais das pessoas surdas por não precisarem de nenhum processo de ensino-aprendizagem e/ou treinamento para serem adquiridas. Assim como as línguas orais, as línguas de sinais são adquiridas por meio do contato e da interação com os membros mais experientes da cultura surda.

O principal objetivo foi fornecer subsídios para a compreensão da Libras como língua natural dos sujeitos surdos brasileiros. Considerando que a maioria das crianças surdas nasce em contextos familiares de ouvintes que desconhecem a Libras, a escola é considerada espaço privilegiado de relações sociais em Libras. Destacamos, nesse contexto, a importância do contato das crianças com adultos fluentes em Libras, preferencialmente surdos adultos representantes da comunidade surda, além da atividade do brincar como sendo a mais favorecedora dos processos de aquisição da Libras, de modo específico, e do desenvolvimento, de modo geral.

35

Você conta, nesta seção, com um recurso que o instigará a fazer uma reflexão sobre os conteúdos estudados, de modo a contribuir para que as conclusões a que você chegou sejam reafirmadas ou redefinidas.

Indicações culturais

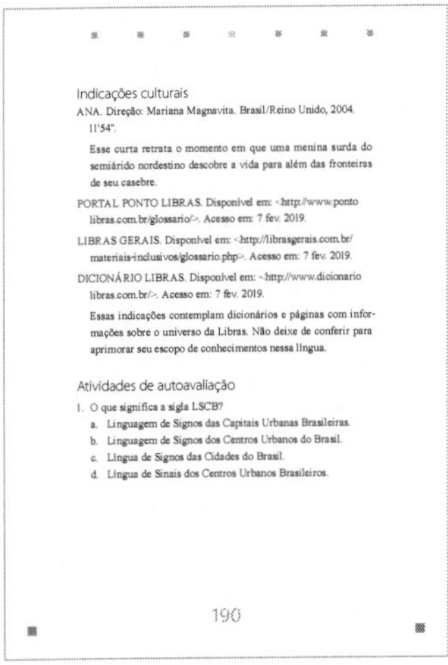

Indicações culturais

ANA. Direção: Mariana Magnavita. Brasil/Reino Unido, 2004. 11'54".

Esse curta retrata o momento em que uma menina surda do semiárido nordestino descobre a vida para além das fronteiras de seu casebre.

PORTAL PONTO LIBRAS. Disponível em: <http://www.pontolibras.com.br/glossario/>. Acesso em: 7 fev. 2019.

LIBRAS GERAIS. Disponível em: <http://librasgerais.com.br/materiais-inclusivos/glossario.php>. Acesso em: 7 fev. 2019.

DICIONÁRIO LIBRAS. Disponível em: <http://www.dicionariolibras.com.br/>. Acesso em: 7 fev. 2019.

Essas indicações contemplam dicionários e páginas com informações sobre o universo da Libras. Não deixe de conferir para aprimorar seu escopo de conhecimentos nessa língua.

Atividades de autoavaliação

1. O que significa a sigla LSCB?
   a. Linguagem de Signos das Capitais Urbanas Brasileiras.
   b. Linguagem de Signos dos Centros Urbanos do Brasil.
   c. Língua de Signos das Cidades do Brasil.
   d. Língua de Sinais dos Centros Urbanos Brasileiros.

190

Nesta seção, os autores oferecem algumas indicações de livros, filmes ou *sites* que podem ajudá-lo a refletir sobre os conteúdos estudados e permitir o aprofundamento em seu processo de aprendizagem.

Atividades de autoavaliação

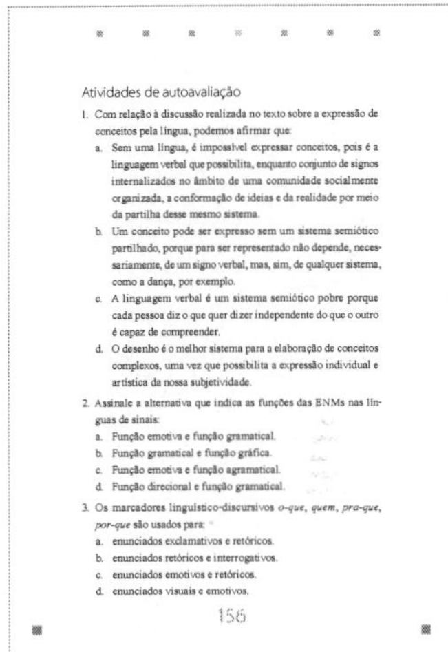

Atividades de autoavaliação

1. Com relação à discussão realizada no texto sobre a expressão de conceitos pela língua, podemos afirmar que:
   a. Sem uma língua, é impossível expressar conceitos, pois é a linguagem verbal que possibilita, enquanto conjunto de signos internalizados no âmbito de uma comunidade socialmente organizada, a conformação de ideias e da realidade por meio da partilha desse mesmo sistema.
   b. Um conceito pode ser expresso sem um sistema semiótico partilhado, porque para ser representado não depende, necessariamente, de um signo verbal, mas, sim, de qualquer sistema, como a dança, por exemplo.
   c. A linguagem verbal é um sistema semiótico pobre porque cada pessoa diz o que quer dizer independente do que o outro é capaz de compreender.
   d. O desenho é o melhor sistema para a elaboração de conceitos complexos, uma vez que possibilita a expressão individual e artística da nossa subjetividade.
2. Assinale a alternativa que indica as funções das ENMs nas línguas de sinais:
   a. Função emotiva e função gramatical.
   b. Função gramatical e função gráfica.
   c. Função emotiva e função agramatical.
   d. Função direcional e função gramatical.
3. Os marcadores linguístico-discursivos *o-que*, *quem*, *pra-que*, *por-que* são usados para:
   a. enunciados exclamativos e retóricos.
   b. enunciados retóricos e interrogativos.
   c. enunciados emotivos e retóricos.
   d. enunciados visuais e emotivos.

156

Com estas questões objetivas, você tem a oportunidade de verificar o grau de assimilação dos conceitos examinados, motivando-se a progredir em seus estudos e a se preparar para outras atividades avaliativas.

Atividades de aprendizagem

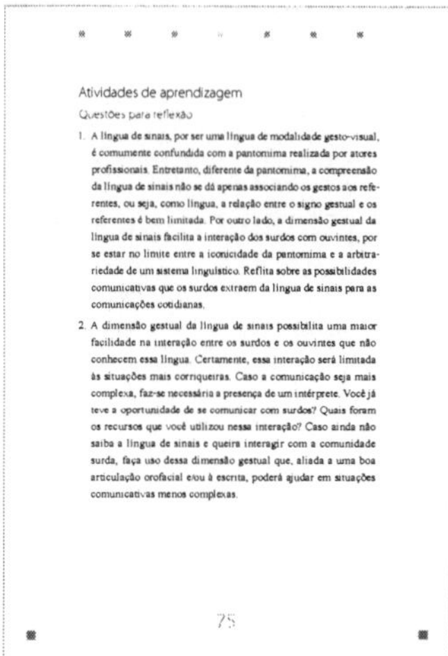

Atividades de aprendizagem

Questões para reflexão

1. A língua de sinais, por ser uma língua de modalidade gesto-visual, é comumente confundida com a pantomima realizada por atores profissionais. Entretanto, diferente da pantomima, a compreensão da língua de sinais não se dá apenas associando os gestos aos referentes, ou seja, como língua, a relação entre o signo gestual e os referentes é bem limitada. Por outro lado, a dimensão gestual da língua de sinais facilita a interação dos surdos com ouvintes, por se estar no limite entre a iconicidade da pantomima e a arbitrariedade de um sistema linguístico. Reflita sobre as possibilidades comunicativas que os surdos extraem da língua de sinais para as comunicações cotidianas.
2. A dimensão gestual da língua de sinais possibilita uma maior facilidade na interação entre os surdos e os ouvintes que não conhecem essa língua. Certamente, essa interação será limitada às situações mais corriqueiras. Caso a comunicação seja mais complexa, faz-se necessária a presença de um intérprete. Você já teve a oportunidade de se comunicar com surdos? Quais foram os recursos que você utilizou nessa interação? Caso ainda não saiba a língua de sinais e queira interagir com a comunidade surda, faça uso dessa dimensão gestual que, aliada a uma boa articulação orofacial e/ou à escrita, poderá ajudar em situações comunicativas menos complexas.

75

Aqui você dispõe de questões cujo objetivo é levá-lo a analisar criticamente determinado assunto e aproximar conhecimentos teóricos e práticos.

capítulo
um

Língua de sinais como língua das comunidades surdas

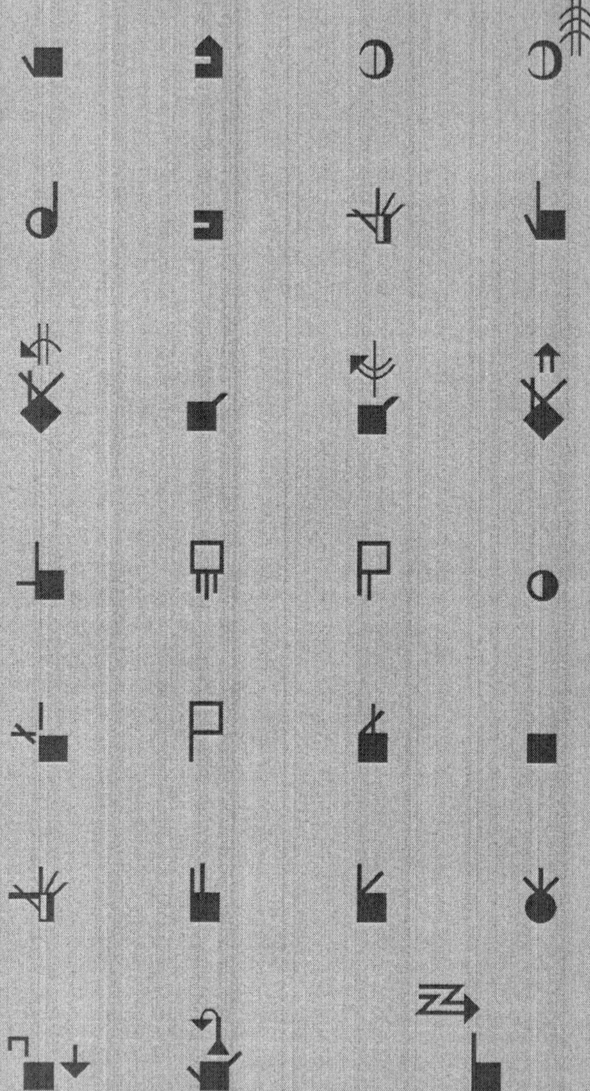

Beatriz Aparecida dos Reis Turetta
Cristina Broglia Feitosa de Lacerda

Neste capítulo, optamos por iniciar a discussão abordando a importância da aquisição de uma língua para o desenvolvimento de qualquer ser humano. Em seguida, analisamos os conceitos de língua natural e de língua de sinais, na tentativa de tornar evidente que esta deve ser respeitada como língua das comunidades surdas[1], e que as línguas de sinais se constituem de maneiras diferentes em

1 Neste texto, utilizaremos o termo *surdo* para todas as pessoas que apresentam algum *deficit* de audição, independente do grau de sua perda auditiva ou do uso que fazem da língua de sinais.

diferentes países. A partir dessas considerações, discutimos algumas questões referentes à língua brasileira de sinais (Libras) de modo específico: características principais; usuários; processos de aquisição e de ensino-aprendizagem. O principal objetivo é fornecer os subsídios necessários para a compreensão da Libras como língua fundamental para a constituição dos sujeitos surdos brasileiros.

1.1 O papel constitutivo da língua no desenvolvimento humano

Com base na abordagem histórico-cultural, o homem nasce um ser social e se desenvolve a partir da relação com os outros. É por meio das relações interpessoais que ele tem a possibilidade de se apropriar do padrão da cultura em que vive e de se singularizar enquanto indivíduo (Vygotsky, 1995).

Nesse sentido, o desenvolvimento humano se baseia na conversão das relações sociais em capacidades especificamente humanas, como percepção, memória, pensamento, imaginação, entre outras. Esse processo de internalização está estreitamente relacionado com a noção de significação, afinal, não internalizamos as relações em si, mas sim os significados que elas tiveram para nós. Ao trabalharmos com signos, distanciamo-nos do uso funcional dos sinais e nos aproximamos da esfera simbólica, essencial ao processo de desenvolvimento e de tomada de consciência do homem.

O modo como cada indivíduo se apropria dessas funções depende, em grande medida, das possibilidades criadas pelo seu grupo social e do espaço que a língua ocupa nesse processo. A língua, na qualidade de sistema de signos por excelência, tem lugar de destaque na formação do psiquismo humano, pois participa da organização, do planejamento, da regulação e da avaliação do próprio comportamento. Também é pela língua que as funções psíquicas superiores, aquelas tipicamente humanas, transformam-se e reorganizam-se.

Com base nessas considerações, podemos entender o quanto a aquisição de uma língua é essencial ao processo de desenvolvimento do homem, seja numa função em específico, seja para o desenvolvimento em modo geral. Nessa perspectiva, o desenvolvimento humano e cultural só pode se constituir na e pela língua, ou seja, não é possível que ela seja entendida somente como instrumento comunicativo.

1.2 Aquisição de línguas pelos sujeitos

A aquisição de uma língua, em geral, acontece de forma natural e inconsciente, pela interação com o grupo social falante desse idioma. Quando uma criança nasce, ela passa a fazer parte de um ambiente cultural e linguístico específico. A aquisição da língua de seu grupo social acontecerá pelas interações, no contato com os membros mais experientes de sua cultura. Assim sendo, podemos afirmar que a língua natural de uma pessoa é aquela que ela adquiriu a partir da convivência com seu grupo social, sem que para isso fosse preciso nenhum processo de ensino aprendizagem sistematizado.

A maioria das línguas se materializa na modalidade oral-auditiva, ou seja, são línguas ouvidas e faladas. Entretanto, existem alguns grupos sociais que estão impossibilitados de adquirir as línguas faladas, por apresentarem algum *deficit* no aparelho auditivo. Nesses casos, a aquisição de uma língua precisa passar necessariamente por outros canais que não o da audição. Para essas pessoas, a língua de sinais, materializada na modalidade gesto-visual, é a única língua possível de ser adquirida nas interações sociais.

1.3 Línguas de sinais

As línguas de sinais nem sempre foram reconhecidas enquanto línguas naturais. Por muito tempo foram consideradas variações da língua oral majoritária, com gestos e sinais tidos como sem nenhuma consistência linguística. Foi somente a partir de 1960 que alguns pesquisadores voltaram o olhar para as características que compunham as línguas de sinais. Os estudos de Stokoe (1978) foram pioneiros nessa área. Ao registrar a estrutura da língua de sinais americana, esse autor possibilitou que ela fosse reconhecida enquanto língua e abriu caminho para que outras línguas sinalizadas também pudessem ser estudadas e reconhecidas.

Esse reconhecimento passou a ocorrer a partir do momento em que houve uma preocupação com a descrição e análise das estruturas dessas línguas, bem como de seus modos de funcionamento. Mas a certificação de língua para as línguas de sinais só aconteceu após a comprovação da existência de todos os elementos formais necessários à comunicação e à elaboração do pensamento. "As pesquisas sobre as línguas de sinais têm demonstrado quão complexa, completa, abstrata e rica pode ser uma modalidade gestual-visual de língua" (Brito, 1995, p. 29).

As línguas de sinais, assim como as orais, surgem nas relações sociais marcadas pelas condições culturais, sociais e econômicas. Nesse sentido, assumem formas distintas nos diferentes países em que são utilizadas. Nos Estados Unidos da América, temos a língua de sinais americana (ASL); em Moçambique, a língua de sinais moçambicana (LSM); na França, a língua de sinais francesa (LSF); no Brasil, a Libras.

Essas línguas são independentes das que são faladas em seus respectivos países, e não existe nenhuma maneira aceitável de simultaneamente fazer uso de duas línguas.

Geralmente, quando os sinais são utilizados na tentativa de acompanhar o fluxo de uma língua oral, ficam descaracterizados e não correspondem necessariamente ao sentido literal dos enunciados emitidos pela língua oral. Quadros e Karnopp (2004) sugerem que a ideia de que os sinais são meras traduções das palavras das línguas orais provavelmente está relacionada ao uso do alfabeto manual (datilologia), em que cada letra é representada por um sinal.

Segundo as autoras, essa ideia é um equívoco porque a soletração manual é apenas uma possibilidade de expressar conceitos pelos surdos em situações específicas, dentro do contexto de uso da língua. Nenhuma comunidade linguística se comunica exclusivamente pela soletração manual.

As línguas de sinais também apresentam variações regionais, a depender das diferentes formas de organização das pessoas que as utilizam. Tais variações podem ser maiores ou menores, em consequência das condições de vida, das influências culturais, da proximidade ou não com outros grupos usuários dessa mesma língua.

A presença de pessoas surdas em uma comunidade social favorece o surgimento de línguas de sinais. As pessoas surdas em contato comunicam-se por gestos, os quais vão se constituindo como língua pela necessidade e atividade dessas pessoas. O surgimento dessas línguas é tão ou mais antigo que o surgimento das línguas orais. No entanto, assim como qualquer língua, elas se materializaram a partir das condições concretas de vida das pessoas, ou seja, das necessidades de comunicação em determinado grupo social.

Cabe salientar que todo ser humano nasce com condições de desenvolver a linguagem/língua e que, nesse processo de aquisição, todos usamos gestos como função linguística (Bellugi et al., 1993). Todavia, nas comunidades ouvintes, a língua oral emerge com maior força, e os signos gestuais terminam ocupando um papel secundário. Assim, oralidade ou gestualidade vão se materializando a depender do grupo social no qual o sujeito estiver inserido.

Sob essa perspectiva, nascer com surdez, profunda ou parcial, não garante a aquisição da língua de sinais. É só no contato com os membros mais experientes da cultura, isto é, com os usuários dessa língua, que o desenvolvimento da língua de sinais poderá efetivar-se.

Atualmente, o reconhecimento da importância das línguas de sinais na constituição dos sujeitos surdos tem feito diferentes pessoas se engajarem na aprendizagem e no estudo dessas línguas. Tais mudanças de concepção frente à surdez e à língua de sinais possibilitaram que outras demandas fossem almejadas e conquistadas, tais como a formação de tradutores e/ou intérpretes de Libras e dos professores bilíngues.

No entanto, não podemos ser ingênuos. O reconhecimento teórico e legal das línguas de sinais foi um grande avanço para a área, mas as repercussões mais desejadas ainda estão por vir. A maioria das pessoas ainda considera tais línguas como sistemas inferiores às línguas orais e, teoricamente, menos completos. Seu *status* continua sendo questionado tanto pelo senso comum quanto por estudiosos que não compartilham da valorização de tais línguas.

Mas todos aqueles que se dispõem a aprendê-la certamente irão perceber que

> A língua de sinais nos remete a uma percepção diferenciada em tempo e espaço, sobretudo da expressão do corpo e do ambiente produzido por esse movimento, por essa dinâmica. O rosto se dilata, o corpo é requerido em posições, posturas, sentidos, que nos tiram do eixo construído por uma prévia educação, culturalmente ouvinte. (Lulkin, 1997, p. 56)

Assim sendo, por se tratar de uma língua de modalidade diferente das línguas orais, sua idoneidade, muitas vezes, é questionada. Nos próximos itens, discutiremos aspectos da Libras, sua natureza e a relevância dela para o desenvolvimento dos sujeitos surdos.

1.4 Língua brasileira de sinais (Libras)

No Brasil, a Libras foi aceita legalmente como meio de comunicação e expressão das comunidades surdas a partir da Lei n. 10.436, de 24 de abril de 2002.

A Libras é um sistema de signos compostos por regras e elementos gramaticais que permitem a seus usuários serem capazes de se comunicar e se compreender de forma efetiva. É considerada por muitos como natural porque surge espontaneamente da necessidade de comunicação dos membros da comunidade surda do Brasil.

É importante estar atento a esse fato, porque essa língua não emerge naturalmente – ela só pode ser adquirida na interação com pares e, nesse sentido, é preciso um trabalho social ativo para que a criança surda tenha acesso a ela e a desenvolva. Além disso, não é superior nem inferior a qualquer outra língua, pois se desenvolve e se expande de acordo com a necessidade de seus usuários.

De acordo com Brito (1995), os sinais se organizam a partir de parâmetros que se combinam, na maioria das vezes de forma simultânea. São eles: configuração das mãos (CM), movimento (M) e ponto de orientação (PA). Segundo a autora, embora com algumas discordâncias, a orientação (O) e a expressão facial e/ou corporal também se apresentam como traços distintivos dessa língua.

1.4.1 Aquisição da Libras

Afirmamos desde o início desta obra que os seres humanos se constituem a partir das relações estabelecidas com o outro. O desenvolvimento de uma criança, por exemplo, acontece na e pela linguagem. É no contato com os membros mais experientes de seu grupo social que ela tem oportunidade de construir sua subjetividade. Essa afirmação vale também para a pessoa com surdez.

> Para que o desenvolvimento de uma criança surda se dê de forma semelhante ao de uma criança ouvinte, aquela deve ter contato com interlocutores que lhe insiram em relações sociais significativas por meio da língua de sinais. Será, então, por meio das interações estabelecidas com e pela criança que ela poderá ampliar suas relações com o mundo, desenvolver suas funções mentais superiores e, enfim, constituir-se sujeito da linguagem. (Lodi; Luciano, 2009, p. 34)

Nesse sentido, crianças surdas filhas de pais surdos são privilegiadas por terem nascido num contexto linguístico favorável à aquisição da Libras como língua materna. Tais crianças geralmente adquirem a língua de sinais no mesmo tempo em que as crianças ouvintes, imersas em ambientes que concentram falantes da língua portuguesa.

No entanto, essa é uma realidade pouco observada em diversos lugares do mundo. A maioria das crianças surdas (cerca de 95% dessa população) nasce em contextos familiares de ouvintes que desconhecem a Libras ou têm dificuldades para aceitá-la. Essas crianças geralmente passam por um período sem acesso à língua, o qual poderá ser mais breve ou mais longo, a depender das condições familiares de acesso e aceitação da surdez e das próprias necessidades de seus filhos.

Não é uma tarefa simples para as famílias, que precisam mudar suas concepções, inclusive a mais comum – de que a surdez/deficiência auditiva é uma doença que tem tratamento. Geralmente, o senso comum e as indicações médicas de reabilitação dos sujeitos surdos por treinamentos de fala e utilização de aparelhos auditivos (ou implantes cocleares) imperam durante a infância, período essencial ao desenvolvimento da língua e da linguagem.

Em geral, a orientação da área médica é de que o desenvolvimento da oralidade só se dará se a criança não tiver acesso à língua de sinais. Assim são feitas diversas tentativas de oralização, impedindo a criança de ter contato com a língua de sinais. A maioria das famílias acaba aceitando a língua de sinais apenas posteriormente, após um frustrado período de tentativas de que essas crianças falem, o que, por vezes, estende-se por anos.

Cabe salientar que o fato de essas crianças não aprenderem a falar ou atingirem uma fala superficial (sem função de língua que auxilia, planeja e organiza o pensamento) não tem relação com incapacidade.

Como afirmamos desde o início, as línguas orais dependem da audição e não estão acessíveis às crianças surdas.

Infelizmente, em muitos casos, a aquisição da Libras só é admitida tardiamente pelas famílias, quando a criança já apresenta um atraso significativo nos processos de aquisição da linguagem, de modo específico, e no desenvolvimento cognitivo, de modo geral. Por não ter tido a oportunidade de adquirir uma língua nos anos iniciais (0 a 3 anos), ela pode também apresentar comprometimentos significativos em outras funções psíquicas que dependem da linguagem, como atenção, memória, imaginação e pensamento (Goldfeld, 2007).

Nesse sentido, torna-se necessário propiciar condições linguísticas e socioculturais particulares para o processo de apropriação da linguagem por esses sujeitos. É, portanto, fundamental que as crianças surdas convivam com surdos adultos e pares surdos, usuários da Libras e/ou ouvintes fluentes dessa língua, pois, assim, poderão ampliar suas relações com o mundo e desenvolver suas funções mentais superiores, processos esses mediados por signos (Lodi; Luciano, 2009, p. 36).

Cabe destacar que diversas pesquisas voltadas ao desenvolvimento de linguagem das crianças surdas indicam que o acesso à língua de sinais paralelamente aos recursos de oralização favorece seu desenvolvimento, de tal sorte que a criança não fica impedida de seu desenvolvimento linguístico, caso as tentativas de oralização sejam infrutíferas (Quadros; Cruz; Pizzio, 2012).

Em nosso país, infelizmente, muitas crianças surdas sofrem um atraso brutal no desenvolvimento da linguagem. Em alguns casos específicos de crianças com perda auditiva, o desenvolvimento da oralidade é possível; todavia, existe um mito de que a língua de sinais impede o desenvolvimento da oralidade, levando muitas famílias a não desejar uma aproximação da Libras e, consequentemente, ao atraso no desenvolvimento da linguagem da criança surda (devido ao longo e sofrido processo envolvendo a oralidade).

1.4.2 Libras como primeira língua para surdos nascidos em famílias de ouvintes

A escola tem a responsabilidade de contribuir para o desenvolvimento da linguagem em todas as crianças, mas representa, também, um lugar privilegiado de interação para as crianças surdas. Muitas delas acabam entrando em contato com a Libras apenas na escola, o que é bastante grave, já que, nesse caso, ela chega à escola em uma idade já avançada sem qualquer língua.

A vida social dessas crianças não está organizada numa língua que lhes seja acessível. Elas estão no mesmo espaço físico que suas famílias e convivem com diversas pessoas, mas a possibilidade de se constituir a partir das relações sociais como ser de linguagem não se efetiva, pela falta de uma língua compartilhada que possibilite processos de significação. Nesse sentido, a escola é o único lugar em que a criança tem a oportunidade de estar inserida num ambiente linguístico favorável à construção de uma língua acessível que favoreça sua subjetividade.

Para essa construção, é imprescindível que a escola privilegie a Libras e a presença de adultos surdos – fluentes em Libras e membros da comunidade surda – no contexto educacional. A presença desses profissionais garante que as crianças estabeleçam as relações com os membros mais experientes da cultura, necessárias aos processos específicos e gerais de desenvolvimento. Na ausência desses profissionais surdos, sugerimos que pessoas ouvintes fluentes em Libras sejam os interlocutores responsáveis por proporcionar ambientes linguísticos favoráveis aos processos de significação das crianças surdas.

Independente de serem surdos ou ouvintes, é imprescindível que os adultos responsáveis pela inserção dessas crianças na vida social na e pela linguagem sejam pessoas fluentes em Libras. A aquisição dessa língua de sinais, assim como de todas as outras línguas, passa necessariamente pelo contato e pela interação com interlocutores competentes nessa língua. O domínio parcial da Libras não garante a comunicação e, muito menos, os processos de significação necessários à aquisição da língua.

Garantidos os interlocutores necessários à apropriação da Libras, a escola precisa se preocupar em proporcionar espaços e práticas que privilegiem o desenvolvimento da linguagem dessas crianças. Sabemos que a escola é tradicionalmente monolíngue e historicamente pensada para atender a um público ouvinte. Nesse sentido, as práticas pedagógicas para atender à demanda da clientela surda precisam constantemente ser pensadas e refletidas.

Alguns estudos (Lacerda; Góes, 2007; Lodi; Lacerda, 2009) têm destacado a importância de práticas pedagógicas apropriadas ao desenvolvimento da linguagem de crianças surdas e apontam os espaços lúdicos como privilegiados para essa aquisição. Esse destaque reafirma a tese de Vygotsky (1984) a respeito do papel do brincar no desenvolvimento humano.

De acordo com esse autor, principal teórico da abordagem histórico-cultural, a brincadeira é a atividade mais significativa da infância. Essa atividade permite à criança se comportar de maneira mais elaborada, em comparação com o que vivencia nas situações concretas de sua vida cotidiana. Ainda que não seja a atividade mais frequente, é a que funciona como mola propulsora do desenvolvimento infantil, que impulsiona o funcionamento das funções psíquicas em específico e do desenvolvimento de modo geral (Leontiev, 2001).

Nesse sentido, a brincadeira, especialmente os jogos que envolvem o plano imaginativo – como o faz de conta e o jogo de papéis –, permite a transição de um padrão de pensamento menos elaborado para um mais elevado, qualitativamente novo.

Dois aspectos importantes dessa forma de brincadeira se entrelaçam: o desenvolvimento da imaginação e o da sociabilidade. O funcionamento imaginativo emerge e se expande no faz de conta, com a encenação de situações extraídas da realidade. E visto que a atividade, geralmente, é realizada de forma partilhada, ela propicia também o avanço da capacidade de lidar com as interações sociais, tanto no que diz respeito às relações entre as crianças que constroem a brincadeira como às relações entre as figuras sociais implicadas na situação encenada (Turetta, 2013).

Essa é, portanto, uma esfera em que há grande possibilidade de desenvolvimento da linguagem, pelos diálogos das crianças sobre a brincadeira e dentro da brincadeira. Trata-se de momentos potencialmente favoráveis a usos da linguagem com diferentes finalidades e à exploração de enunciados em instâncias diversas, pertinentes aos personagens encenados.

Nesse sentido, o conjunto de possibilidades trazidas para o desenvolvimento torna o jogo de faz de conta um espaço importante para a aquisição da linguagem pelas crianças surdas e merece destaque nas práticas que pretendem propiciar a aquisição da Libras como primeira língua das crianças surdas.

1.4.3 Libras como segunda língua para ouvintes

As famílias ouvintes de crianças surdas, por vezes, são convidadas a aprender a língua de sinais para se comunicarem com seus filhos. Entretanto, essa aprendizagem pode não ser um processo simples, já que se trata de aprender uma língua de modalidade gesto-visual, em geral desconhecida para eles, e que tomará tempo e demandará empenho, como qualquer aprendizagem de língua.

Nesse sentido, é importante valorizar as famílias que se dispõem a essa aprendizagem e ficar atento aos modos de ensinar essa língua para que ela faça sentido para tais pessoas. Muito se discute sobre o ensino de Libras descontextualizado, baseado apenas na memorização do léxico. Frequentemente, práticas como essa não favorecem a fluência dos aprendizes (Albres, 2013).

Assim, escolas e instituições ligadas às comunidades surdas têm se responsabilizado pelo ensino de Libras como segunda língua para familiares de surdos e demais interessados na perspectiva de ampliar a socialização de surdos e a circulação dessa língua. Se as crianças surdas puderem chegar às escolas já conhecendo a Libras, isso certamente favorecerá seu desenvolvimento global.

Síntese

Este capítulo teve como intuito destacar a importância da aquisição da língua e linguagem nos processos de desenvolvimento humano. Os temas abordados procuraram dar destaque ao papel que as línguas de sinais assumem no desenvolvimento das pessoas que nascem com surdez e que, devido ao *deficit* auditivo, não têm acesso às línguas orais. Tais línguas são consideradas naturais das pessoas surdas por não precisarem de nenhum processo de ensino-aprendizagem e/ou treinamento para serem adquiridas. Assim como as línguas orais, as línguas de sinais são adquiridas por meio do contato e da interação com os membros mais experientes da cultura surda.

O principal objetivo foi fornecer subsídios para a compreensão da Libras como língua natural dos sujeitos surdos brasileiros. Considerando que a maioria das crianças surdas nasce em contextos familiares de ouvintes que desconhecem a Libras, a escola é considerada espaço privilegiado de relações sociais em Libras. Destacamos, nesse contexto, a importância do contato das crianças com adultos fluentes em Libras, preferencialmente surdos adultos representantes da comunidade surda, além da atividade do brincar como sendo a mais favorecedora dos processos de aquisição da Libras, de modo específico, e do desenvolvimento, de modo geral.

É direito da pessoa surda. Foi reconhecida legalmente como meio de comunicação e expressão das comunidades surdas a partir da Lei n. 10.436/2002.

Constitui-se a partir das relações sociais com os membros mais experientes da cultura.

Libras

É fundamental ao desenvolvimento da criança surda, seja da linguagem de modo específico, seja do desenvolvimento cognitivo de modo geral.

É uma língua gesto-visual que se materializa a partir de alguns parâmetros: configuração de mãos, movimento, ponto de orientação, expressão facial e/ou corporal e orientação.

Indicações culturais

O GAROTO selvagem. Direção: François Truffaut. França: Silver Screen, 1970. 83 min.

Esse filme narra a história de uma criança de 11 ou 12 anos que anda e come como um animal selvagem. Ela foi encontrada por caçadores e despertou o interesse do professor Jean Itard, que estudou seu comportamento. Por não ter tido contato com humanos, essa criança não havia desenvolvido nenhum tipo de linguagem até então. Itard começa a educá-la, e os resultados são surpreendentes.

FILHOS do silêncio. Direção: Randa Haines. EUA: Paramount Home Entertainment, 1986. 119 min.

Esse filme conta a comovente história de um professor que assume posturas pouco tradicionais frente à realidade da surdez, mas se apaixona por uma aluna surda que não deseja falar, mas, sim, ser respeitada como surda.

MR. HOLLAND: adorável professor. Direção: Stephen Herek. EUA: Flashstar Home Vídeo, 1995. 143 min.

Esse filme narra a história de Mr. Holland, um professor de música que tem sua vida mudada com a descoberta da surdez de seu filho e que atribui à escola e à esposa a tarefa de educar o filho. Até que Holland decide fazer um concerto adaptado em homenagem ao seu filho, iniciativa que muda sua relação com o filho e sua percepção sobre a surdez.

Atividades de autoavaliação

1. Indique se as afirmações a seguir são verdadeiras (V) ou falsas (F):

   ( ) A língua de sinais é a língua natural dos surdos.

   ( ) Uma pessoa que nasce surda desenvolve a língua de sinais mesmo que não esteja em contato com usuários dessa língua.

   ( ) A aquisição da língua de sinais se dá em contato com os usuários mais fluentes da comunidade surda.

   ( ) Somente surdos são capazes de se comunicar em língua de sinais.

   Agora, assinale a alternativa que corresponde à sequência correta:

   a. V, F, V, V.
   b. V, F, V, F.
   c. V, F, F, V.
   d. F, F, V, F.

2. Assinale a alternativa correta:
   a. As línguas de sinais são universais. Por se tratarem de línguas gesto-visuais, podem ser facilmente compreendidas por pessoas de diferentes países.
   b. As línguas de sinais são códigos inferiores, derivados e subordinados às línguas orais.
   c. As línguas de sinais são sistemas linguísticos complexos, compostos por regras e elementos gramaticais que permitem aos usuários serem capazes de se comunicar e se compreender de forma efetiva.
   d. Considerando que a língua de sinais é um sistema mais simples que o das línguas orais, qualquer pessoa pode fazer uso dela, podendo compreender e ser compreendida por meio de gestos e mímicas.
3. Assinale a alternativa **incorreta**:
   a. A Libras foi reconhecida como segunda língua oficial do Brasil em 2002.
   b. Os sinais da Libras são idênticos em todas as regiões e Estados do Brasil.
   c. A Libras tem uma estrutura comum em todas as regiões do Brasil, mas apresenta alguns regionalismos, dialetos, a depender dos grupos sociais que a utilizam.
   d. Surdos e ouvintes fazem uso da Libras no Brasil e a utilizam em diferentes contextos e situações.

4. Indique se as afirmações a seguir são verdadeiras (V) ou falsas (F):

( ) Crianças surdas filhas de pais ouvintes geralmente apresentam desenvolvimento tardio na aquisição de língua, devido ao contato restrito com usuários da Libras.

( ) Crianças surdas filhas de pais ouvintes devem aprender a falar a língua portuguesa, porque a Libras impede a relação entre os pais e filhos.

( ) A aquisição da Libras por crianças surdas filhas de pais surdos acontece no mesmo ritmo da aquisição da língua portuguesa pelas crianças ouvintes, em virtude de aquelas estarem em constante contato com a língua de sinais desde o nascimento.

( ) Os pais ouvintes que têm filhos surdos devem se esforçar para aprender a Libras, pois essa é a única língua que pode ser adquirida de maneira natural por seus filhos.

Agora, assinale a alternativa que corresponde à sequência correta:

a. F, F, V, V.
b. V, F, F, V.
c. V, F, V, V.
d. V, F, V, F.

5. Indique se as afirmações a seguir são verdadeiras (V) ou falsas (F):

( ) Crianças surdas em fase inicial de aquisição da Libras não precisam de professores fluentes. Profissionais que possuem domínio parcial da Libras são suficientes para atender às necessidades delas.

( ) Professores com domínio parcial da Libras comprometem o processo de aquisição de língua das crianças surdas.

( ) Na ausência de adultos surdos fluentes em Libras, professores ouvintes podem assumir a educação das crianças surdas, desde que sejam fluentes em Libras.

( ) Adultos surdos, representantes das comunidades surdas e fluentes em Libras, têm maiores chances de possibilitar acesso das crianças surdas à Libras, por serem considerados referências de língua e identidade.

Agora, assinale a alternativa que corresponde à sequência correta:

a. V, V, V, F.
b. V, V, F, V.
c. F, V, V, V.
d. F, V, V, F.

Atividades de aprendizagem

Questões para reflexão

1. Pense no número de pessoas com quem você se relaciona e em quantas delas conhecem a Libras. Se não houver alguém surdo na família ou algum contato muito íntimo com alguma pessoa com dificuldades auditivas, dificilmente você conseguirá fazer uma lista com mais de cinco pessoas fluentes em Libras ou que saibam alguns sinais. Esse exercício simples nos remete a ideia de que embora a Libras seja uma língua reconhecida no Brasil, está longe de ser reconhecida e valorizada nos diferentes espaços de relações sociais.

2. Você já pensou em aprender Libras ou se aproximar da comunidade surda de seu município? Quem sabe você possa ser alguém que fará a diferença na constituição dessas pessoas! Talvez, organizar eventos acessíveis, grupos de estudos ou, até mesmo, passeios que viabilizem um maior contato entre os surdos e ouvintes. Que tal?

Atividades aplicadas: prática

1. Escolha uma pessoa surda adulta fluente em Libras e realize com ela uma entrevista, buscando os dados que retratem a experiência dela com a língua de sinais. Se você não for fluente nessa língua, peça a ajuda de alguém ou de um intérprete. Para um melhor aproveitamento dessa experiência, seguem alguns tópicos que podem ser abordados durante a entrevista: o modo como essa pessoa teve contato com a língua de sinais; como era a vida dela antes e como ficou depois da aquisição da Libras; quais são as pessoas com as quais ela consegue se comunicar em Libras; quais são algumas das vantagens de ser usuário de Libras no contexto em que ela vive, entre outros.

2. O livro *Mãos fazendo história*, organizado por Sabine Vergamini (2003), apresenta aos leitores entrevistas realizadas com alguns surdos, com o objetivo de registrar memórias a respeito da surdez, da língua de sinais, das lutas e conquistas desse grupo social. A leitura é simples e nos ajuda a conhecer um pouco mais a respeito das condições de vida das pessoas surdas. É propósito desta atividade a leitura do livro e o fichamento das semelhanças e diferenças entre essas histórias de vida. O levantamento de tais dados nos permite conhecer um pouco mais a respeito da surdez e das maiores dificuldades enfrentadas pelas pessoas surdas.

   VERGAMINI, S. A. A. (Org.). **Mãos fazendo história**. Petrópolis: Arara Azul, 2003.

capítulo dois

Língua oral-auditiva e língua gesto-visual

Vinícius Nascimento
Samantha Camargo Daroque

Neste capítulo, discutimos as diferenças entre as modalidades oral-auditiva e gesto-visual das línguas humanas. Também, refletimos sobre as concepções de modalidade, materialidade linguística, linearidade, simultaneidade e os aspectos que caracterizam as línguas como sistemas semióticos utilizados por comunidades humanas. Buscamos, nesse sentido, demonstrar como as línguas de sinais e as línguas orais possuem, do ponto de vista da constituição da subjetividade dos falantes, o mesmo papel e a mesma função nos âmbitos linguísticos, discursivos e cognitivos, diferenciando-se, não apenas, mas, sobretudo, na sua modalidade, isto é, na composição material do sistema. Ao fim deste capítulo, esperamos que você possa discorrer sobre as especificidades das modalidades oral-auditiva e gesto-visual e sobre a dimensão gestual, espacial e visual da Libras.

2.1 Ponto de partida: o que é modalidade?

Modalidade linguística é um conceito utilizado para expressar os diferentes tipos de materialidade da linguagem humana e está relacionado, diretamente, com as vias de produção e de recepção das línguas. Em suma, essas modalidades podem ser resumidas em quatro:

- **Oral-auditiva**: Tem como via de produção o aparelho fonador (por ordem de produção: pulmões, traqueia, laringe, pregas vocais, cavidade oral, arcada dentária, língua, lábios) e, como via de recepção, a audição (ouvido externo, médio, interno). Quando falantes de línguas dessa modalidade estão em interação, é preciso que haja uma produção oral compreensível e uma via de recepção sem obstrução (sem problemas auditivos) para que a comunicação aconteça sem grandes dificuldades.

  Nessa modalidade, os falantes não necessariamente precisam estar em contato visual para que a comunicação aconteça. Um falante de português, por exemplo, pode estar arrumando o quarto, enquanto outro falante está na sala de estar limpando a estante. Ainda assim, a comunicação pode acontecer. Dependendo de como for a dimensão do espaço do quarto e da sala, bem como a divisão desses cômodos, os falantes terão de, apenas, aumentar a intensidade da voz para que se compreendam, visto as obstruções físicas para a transmissão da sonoridade vocal. Ou ainda, em uma sala de espera, é possível prestar atenção nas conversas de outras pessoas sem ao menos olhar para elas (a depender, principalmente, da intensidade vocal dos sujeitos envolvidos na interação).

- **Gesto-visual**: Tem como principal meio de produção as mãos, que, articuladas a partes do corpo, produzem a discursividade nos espaços em frente ao corpo, dos lados, acima/abaixo do tronco corporal ou no próprio corpo do falante. Como via de recepção, a visão e toda a sua composição orgânico-fisiológica constituem o canal por onde as informações linguísticas são recebidas. Nesse caso, diferente do que ocorre nas línguas orais-auditivas, os falantes de línguas da modalidade gesto-visual precisam estabelecer contato visual para que haja interação, pois, sem a visão, não há, *a priori*, comunicação.

Em uma sala escura, por exemplo, caso haja apenas falantes de um sistema linguístico gesto-visual – no caso, línguas de sinais –, o possível meio de interação entre esses sujeitos será através do toque, da propriocepção (caso da próxima modalidade). Mas, ainda assim, a comunicação ficará prejudicada, porque embora as mãos sejam os principais articuladores dessas línguas, quando separadas das expressões não manuais faciais e corporais, perdem, em grande parte, o sentido.

Na Figura 2.1, a seguir, vemos duas pessoas interagindo por meio da língua de sinais. Perceba que, para se comunicarem, elas precisam estabelecer **contato visual** e produzir os **sinais manuais no espaço em frente ao corpo**. Porém, o *locus* de enunciação das línguas de sinais representa todo o raio de alcance dos braços e das mãos.

Figura 2.2 – Estudantes conversando por meio de língua de sinais

Vladimir Mucibabic/Shutterstock

Na imagem, observe a gestualidade à frente do corpo, para a produção do discurso, e o contato visual, necessário para a interação..

- **Cinestésico-corporal**: Caracteriza-se tanto pela via de produção quanto de recepção pelo toque físico, dependendo dos sujeitos que estiverem envolvidos na interação. Essa modalidade linguística é utilizada não só, mas principalmente, por pessoas surdocegas que, para receberem os discursos produzidos em língua de sinais, precisam tocar nas mãos de seus interlocutores. Se o interlocutor também for um surdocego que faça uso da língua de sinais, o enunciado é produzido nas mãos ou em partes do corpo do seu interlocutor.

Esse tipo de produção linguística é chamado de língua de sinais tátil, pois o sinalizante produz seu discurso em língua de sinais, no caso de um diálogo com surdocegos, tocando, tateando e produzindo os sinais manuais, segurando nas mãos de quem está enunciando em língua de sinais. Todavia, como já dito, as línguas de sinais não são caracterizadas, do ponto de vista da produção, apenas pelas mãos. Por esse motivo, alguns surdocegos fazem uso de um sistema complementar de recepção linguística chamado de *comunicação háptica,* que corresponde às descrições de elementos, geralmente visuais, não acessíveis ao surdocego, por meio de sinalizações nos braços, ombros e costas.

Tal sistema tem o papel de transmitir informações gramaticais, como as expressões não manuais faciais do interlocutor produzidas durante a sinalização e as emocionais, como um sorriso de satisfação durante uma resposta ou o arqueamento de sobrancelhas como sinal de reprovação para o sujeito para qual se enuncia. Em uma situação de diálogo, por exemplo, com o apoio de um guia-intérprete, um surdocego, em contato com outro surdocego que use a língua de sinais tátil, está privado, de certa forma, de todas as informações ao seu redor. Pessoas que se aproximam, tomam distância, fazem comentários etc. não são perceptíveis aos sujeitos que vivem essa condição, devido às limitações sensoriais auditivas e visuais. O guia-intérprete pode, quando alguém se aproximar do surdocego, sinalizar, nas costas, com o movimento de andar na região lombar para a região escapular, demonstrando que alguém está se aproximando.

Esses "códigos", mesmo quando adaptados de sinais manuais convencionados nas línguas de sinais, são, na maioria das vezes, especialmente na comunicação háptica, convencionados entre o surdocego e os seus interlocutores mais diretos, como o guia-intérprete, por exemplo.

- **Gráfico-visual**: Corresponde, geralmente, a desdobramentos das duas primeiras modalidades que abordamos. Nesse caso, a via de produção não é necessariamente manual (existem pessoas com deficiência física que escrevem com o pé ou com a boca, por exemplo) ou gráfica (não necessariamente escrita em papel, já que o computador, um quadro ou uma tela podem ser suportes para a produção linguística).

  A via de recepção, no entanto, é visual. Sem a visão, a recepção dos discursos escritos é limitada. Sabemos, por exemplo, que as pessoas cegas podem ler por meio do sistema Braille, um código que corresponde aos textos escritos de determinada língua. Porém, tal sistema possui limitações de representação dos códigos escritos. Nesse caso, outra possibilidade de acesso de cegos ao texto escrito é a leitura por parte de outra pessoa. Entretanto, quando alguém lê um texto escrito para uma pessoa com deficiência visual, a modalidade deixa de ser escrita, e passa a ser oral-auditiva, mesmo fundamentando-se no texto escrito.

  Tal mudança de modalidade ocorre porque a escrita não consegue, em grande parte, apreender todas as possibilidades do discurso oral, como as entonações, que, embora linguísticas, são extremamente contextuais. Existem línguas que não possuem um desdobramento gráfico-visual. Elas são chamadas de *ágrafas*, ou seja, não têm um sistema de representação e/ou registro escrito como a maioria das línguas indígenas e algumas línguas de sinais. Todavia, a sua condição e o estatuto de línguas permanecem, pois não é a grafia que insere um sistema semiótico verbal na posição ou na condição de língua, mas, sim, a sua partilha, produção, recepção, circulação e convenções sociais adotadas em uma determinada comunidade humana.

Compreendidas as diferenças entre a primeira e a segunda modalidades linguísticas, a oral-auditiva e a gesto-visual, tratamos, a seguir, dos indivíduos que com elas se comunicam.

2.2 Comunidades surdas e ouvintes em contato

As línguas de modalidade oral-auditiva e as de modalidade gesto-visual estão em constante contato e, por consequência, influência e interferência. Esse fato acontece porque os usuários dessas línguas, ouvintes e surdos, partilham de espaços sociais e culturais comuns. Até onde sabemos, não existem na contemporaneidade comunidades surdas isoladas de contatos com ouvintes. Por outro lado, há comunidades ouvintes sem contato algum com pessoas surdas que usem línguas de sinais. Essa relação é estabelecida, sobretudo, pela condição de minoria que os surdos ocupam nas sociedades em que estão inseridos e que é caracterizada pelo traço da deficiência auditiva, isto é, a condição audiológica de não ouvir frente a um padrão de normalidade – do ponto de vista anatômico-fisiológico – ouvinte.

Segundo Northern e Downs (1991), aproximadamente 0,1% das crianças nascem com deficiência auditiva severa e profunda e, deste número, aproximadamente 90% nascem em famílias ouvintes. Esses dados são confirmados pelas Academias Internacionais de Audiologia, Otorrinolaringologia e Pediatria. No Brasil, dados do censo de 2010 realizado pelo Instituto Brasileiro de Geografia e Estatística (IBGE, 2010) mostram que 9,7 milhões de brasileiros possuem deficiência auditiva, representando, portanto, 5,1% da população brasileira. Desse total, cerca de 2 milhões de pessoas possuem deficiência auditiva severa ou profunda, ou seja, 1,7 milhões têm grande dificuldade para ouvir: 344,2 mil são plenamente surdos e 7,5 milhões apresentam alguma dificuldade auditiva.

Com relação à idade da população com deficiência auditiva, cerca de 1 milhão corresponde a crianças e jovens até 19 anos. O censo de 2010 revelou também um dado bastante interessante: cerca de 6,7 milhões, o maior número de deficientes auditivos, está concentrado nas áreas urbanas (IBGE, 2010).

Nesse sentido, não é possível pensar as comunidades surdas fora do contato com as comunidades ouvintes. Conforme visto anteriormente, a incidência de nascimento de surdos em famílias ouvintes é extremamente elevada, fato que influencia na escolha da língua que essas crianças usarão para se comunicar, haja vista que essa opção é atravessada por diversos fatores, a começar pelo profissional que faz o diagnóstico da deficiência auditiva. A orientação dada a essas famílias pelo fonoaudiólogo e pelo médico otorrinolaringologista pode conduzir a criança para:

- uma protetização auditiva (uso de aparelhos de amplificação sonora individual) ou um implante coclear com vistas ao desenvolvimento exclusivo da oralidade (mesmo com os avanços sociais no que concerne ao uso da língua de sinais, essa linha de orientação se mantém fortemente na fonoaudiologia e na medicina);
- o uso da língua de sinais, apenas (uma minoria de profissionais encaminha as famílias para essa direção);

- o uso da língua de sinais juntamente com o da língua oral, com o objetivo de tornar a criança bilíngue e, por consequência, bimodal (algo que tem sido recorrente nos últimos 15 anos).

Nascimento (2009) mostrou que 95% dos familiares direcionam as escolhas sobre o futuro educacional e comunicativo de seus filhos surdos com base na orientação dada pelo fonoaudiólogo que faz o diagnóstico da deficiência auditiva. A pesquisa desse autor mostrou, ainda, que os sistemas educacionais inclusivos são preferidos pelos pais porque são neles, conforme orienta o profissional que atende os filhos, que as crianças poderão se desenvolver "normalmente", ou seja, sem prejuízos para a linguagem oral.

É nessa imbricada relação entre diagnóstico/prognóstico, escola/sociedade, escolha familiar/orientação médica, língua oral/língua de sinais que as comunidades surdas se constituem como minoria social, linguística e cultural no seio das sociedades ouvintes. Certamente, tais relações não se resumem apenas a dados audiológicos e estatísticos, mas, do ponto de vista social, são extremamente tensas e complexas. Porém, não adentraremos nessa discussão neste capítulo porque foge ao nosso objetivo. Todavia, esses dados são importantes para pensarmos como as línguas orais-auditivas influenciam, mesmo sendo de modalidades bem diferentes, as línguas gesto-visuais.

Com relação ao uso partilhado da língua de sinais por determinadas sociedades, Oliver Sacks, renomado médico neurologista e escritor norte-americano, narrou a história da ilha Martha's Vineyard nos Estados Unidos da América. Nessa ilha, devido a uma alteração no traço genético da população, causada por um gene recessivo posto em ação pela endogamia, uma forma de surdez hereditária imperou por 250 anos, constituindo o espaço como legitimamente bilíngue, pelo uso do inglês e da língua de sinais americana.

"Em resposta a essa situação", narra o autor, "toda a comunidade aprendeu a língua de sinais, havendo livre comunicação entre ouvintes e surdos. De fato, estes quase nunca eram vistos como 'surdos', e certamente não eram considerados de modo algum 'deficientes'" (Sacks, 1998, p. 45). Os ouvintes, que constituíam a minoria, nesse caso, também eram falantes dessa língua e a adquiriram, na maioria das vezes, como primeira língua, visto que ela era utilizada pelas famílias residentes da ilha. Segundo o autor, era muito difícil não encontrar uma família que não abrigasse um morador surdo. Por isso, a língua comum partilhada por todos daquela comunidade era a língua de sinais. Ainda assim, os ouvintes também utilizavam a língua oral e variavam as línguas de acordo com os interlocutores e com as intenções comunicativas. Com o passar do tempo, a população surda começou a diminuir na ilha, o que contribuiu para inverter a relação maioria/minoria: os ouvintes passaram a compor, em grande escala, a população.

Todavia, Sacks (1998, p. 48), ao visitar a ilha, descreve algo interessante:

> Constatei que alguns dos habitantes mais velhos ainda preservavam a língua de sinais e sentiam prazer em usá-la entre si. Meu primeiro testemunho desse fato foi verdadeiramente inesquecível. Fui de carro até o velho armazém de West Tisbury, num domingo de manhã, e vi meia dúzia de pessoas idosas batendo papo na varanda. Pareciam velhinhos comuns, vizinhos antigos proseando – até que

de repente, de um modo muito surpreendente, todos passaram a usar a língua de sinais. Comunicaram-se assim por um minuto, riram e depois retomaram a conversa falada. Naquele momento eu soube que tinha ido ao lugar certo.

No Brasil, a linguista Lucinda Ferreira Brito, uma das pioneiras nos estudos linguísticos da língua de sinais utilizada pelos surdos brasileiros, a Libras, estudou com maior precisão, na década de 1990, a língua de sinais caapor brasileira, ou língua de sinais urubu-caapor, falada pela etnia indígena brasileira dos urubu-caapores. Nessa comunidade, há uma relação de um surdo para cada grupo de setenta e cinco ouvintes. Por isso, tanto os surdos quanto os não surdos da tribo devem aprender a língua de sinais, de modo que ela faça parte da comunicação cotidiana de todos da tribo. Essa língua, no entanto, é utilizada apenas dentro da comunidade, diferente de outras línguas de sinais que são usadas como línguas francas. No *site* dos Povos Indígenas do Brasil (PIB, 2019) há uma descrição detalhada sobre a relação da língua de sinais urubu caapor com outras línguas indígenas orais:

> Historicamente, é provável que a língua Ka'apor[1] esteja mais intimamente relacionada à língua Waiãpi, que é falada a uma distância de 900 km, no outro lado do rio Amazonas. Ambas foram altamente influenciadas nos últimos 300 anos por outras línguas e, hoje, são mutuamente incompreensíveis. A língua Ka'apor parece ter sido mais influenciada gramaticalmente pela língua geral amazônica; a Waiãpi, pelas línguas Carib setentrionais.

1 Variação de *caapor*.

Uma grande diferença entre elas é a tonicidade: na língua Ka'apor, as palavras são normalmente oxítonas; naWaiãpi, paroxítonas.

Embora não existam regras de distinção entre falas masculinas e femininas, os Ka'apor são linguisticamente peculiares na Amazônia por terem uma linguagem padrão de sinais, usada para a comunicação com os surdos, que até a metade dos anos 80 compunham cerca de 2% da totalidade de sua população. A incidência de surdez deveu-se evidentemente à bouba neonatal e endêmica, que foi erradicada.

Em pesquisa recente sobre língua de sinais em comunidades indígenas, Vilhalva (2012) identificou línguas de sinais que evoluíram de sinais caseiros utilizados por familiares ouvintes com filhos surdos. A pesquisa identificou como esses sinais passaram a ser convencionados em comunidades indígenas do Mato Grosso do Sul e mostrou como as línguas de sinais dessas comunidades são partilhadas, em princípio, pela relação familiar de surdos e ouvintes.

Os exemplos de Sacks e Vilhalva mostram ser praticamente impossível que falantes surdos da língua de sinais não estejam em contato com ouvintes, haja vista que a surdez, enquanto *deficit* auditivo e como deficiência, só é caracterizada e mapeada a partir das comunidades ouvintes. Porém, conforme mencionamos, existem, pelo contrário, comunidades ouvintes sem qualquer contato com as comunidades surdas.

Mesmo com a estatística comprovada de que existem probabilidades de pessoas nascerem com deficiência auditiva nas sociedades humanas, há aquelas que sequer conhecem a existência de línguas gesto-visuais. Desse modo, podemos concluir que a condição de minoria é imputada aos surdos porque são eles que nascem e crescem em sociedades majoritariamente ouvintes. Por esse prisma, em virtude da condição de comunidade minoritária dos surdos, as línguas de sinais são mais influenciadas pelas línguas orais do que o contrário.

2.3 Efeitos de modalidade nas línguas de sinais e nas línguas orais

O fato de as comunidades surdas, em geral, pertencerem às sociedades majoritariamente compostas por ouvintes leva as línguas de sinais e as línguas orais a entrarem em contato e, por consequência, a viverem o que a sociolinguística chama de interferência. Esse conceito foi cunhado por Uriel Weinreich em 1953 e corresponde a "um remanejamento de estruturas resultante da introdução de elementos estrangeiros nos campos mais fortemente estruturados da língua, como o conjunto do sistema fonológico, uma grande parte da morfologia e da sintaxe e algumas áreas do vocabulário (parentesco, cor, tempo etc.)" (Weinreich, citado por Calvet, 2002).

O conceito cunhado por Weinreich foi certeiro para a análise desse fenômeno. Segundo Louis-Jean Calvet, sociolinguista francês, foi elaborado pelo autor centrado, apenas, no sujeito bilíngue, e não especificamente em comunidades bilíngues. Ele considerava que as línguas estavam em contato quando eram utilizadas alternadamente pela mesma pessoa. Entretanto, Weinreich considerou em sua análise apenas as línguas de modalidade oral, isto é, não contemplou as de modalidade gestual-visual. E nem poderia. Na época da publicação do seu célebre livro *Languages in Contact*, em 1953, não havia sido publicado nenhum estudo que demonstrasse, do ponto de vista linguístico, que as línguas de sinais eram línguas naturais. Os primeiros estudos publicados datam de 1960, de autoria de William Stokoe, conforme mencionado no capítulo anterior.

Os estudos recentes envolvendo sujeitos bilíngues que se utilizam de línguas de diferentes modalidades mostram que os efeitos da interferência estão para além da questão de alternância dos códigos utilizados por esses falantes e, ainda, apresentam algo significativo para estudos da linguagem em geral: os efeitos de modalidade. Esse conceito foi cunhado para se referir tanto às diferenças estruturais de línguas de sinais e de línguas orais do ponto de vista da estrutura quanto para a relação de influência e interferência entre ambas.

Quadros (2006, p. 175) mostra que muitas pesquisas sobre a estrutura das línguas de sinais têm considerado as relações existentes com as línguas orais:

> Por um lado, existe uma preocupação em relação aos efeitos das diferenças na modalidade fazendo com que os estudos das línguas de sinais sejam extremamente relevantes. Por outro lado, as similaridades encontradas entre as línguas faladas e as línguas sinalizadas parecem indicar a existência de propriedades do sistema linguístico que transcendem a modalidade das línguas. Nesse sentido, o estudo das línguas de sinais tem apresentado elementos significativos para a confirmação dos princípios que regem as línguas humanas.

Em estudo sobre o desenvolvimento bilíngue intermodal em crianças ouvintes filhas de pais surdos e em crianças surdas de famílias surdas com implante coclear, Quadros, Lillo-Martin e Pichler (2011) revelaram que sujeitos que usam línguas de diferentes modalidades podem misturar as línguas porque, nesse caso, não há uma competição pelo canal articulatório de ambas. Enquanto a língua oral é produzida pela boca, a língua de sinais é produzida com mãos. Portanto, até certo ponto, ambas as línguas podem ser produzidas simultaneamente. Esse fenômeno tem sido denominado de **sobreposição de línguas** (*code-blending*) e, ao contrário do que se acreditava, a mistura de línguas por um falante bilíngue não representa falta de competência em ambas as línguas. A mistura pode, na verdade, mostrar grandes habilidades linguísticas. Tais dados mostram o quanto as línguas de sinais podem estar envolvidas com as línguas orais do ponto de vista da produção do sujeito bilíngue/bimodal.

Roland Pfau, outro linguista pesquisador de línguas de sinais, tem mostrado essa interferência em diferentes línguas de sinais pelo mundo, especialmente no que diz respeito aos gestos utilizados por ouvintes em uma interação "oral". O pesquisador tem descrito o processo de gramaticalização de gestos usados pelos ouvintes nas línguas de sinais e como essa relação é estabelecida por meio dos contatos entre as comunidades surdas e os ouvintes.

Segundo ele, apenas as línguas de sinais têm a capacidade de gramaticalizar gestos (Pfau, 2015; Pfau, Steinbach, 2011). Os estudos de Pfau nos indicam que, para além de um processo de gramaticalização de gestos emblemáticos culturais utilizados nas sociedades majoritárias em que os surdos estão inseridos, é bastante difícil distinguir, nas línguas de sinais, o gesto "linguístico" do gesto "não linguístico", já que a base material da língua é completamente gestual[2].

2 Essa discussão também tem sido protagonizada pelos linguistas brasileiros Evani Viotti e Leland McCleary no Grupo de Estudos da Comunidade Surda da Universidade de São Paulo (ECS/USP). Para mais detalhes, confira McCleary e Viotti (2007, 2011) e McCleary, Viotti e Leite (2010).

Os processos de gramaticalização descritos por Pfau acontecem porque as línguas em contato são uma realidade, desde que as comunidades humanas não estejam completamente isoladas geograficamente do contato com outras, como algumas – poucas – comunidades indígenas no Amazonas ou mesmo no interior da África. Isso é o que mostra Calvet (2002), que discute, entre outros tópicos, as políticas linguísticas e as relações entre as comunidades humanas por meio das línguas.

Segundo o sociolinguista francês, existem aproximadamente 7.000 línguas diferentes em cerca de 200 países, tornando, portanto, todos os continentes superfícies plurilíngues. Esse dado nos mostra que é praticamente impossível que as línguas não estejam em contato, influência e interferência, especialmente no contexto pós-moderno, globalizado e plural em que vivemos.

O pesquisador mostra, ao definir a sociolinguística enquanto campo de contraposição aos estudos da linguística estruturalista moderna, como o conceito de interferência elaborado pelo linguista Uriel Weinreich se realiza quando línguas estão em contato. Para Weinreich, as interferências podem acontecer no nível fônico, sintático e lexical. Nas línguas de sinais, vemos interferências acontecerem nos três níveis, como mostram os estudos recentes realizados com a Libras sobre empréstimos linguísticos da língua portuguesa e de outras línguas de sinais nos níveis fonológicos e morfológicos, por exemplo.

2.4 Semelhanças e diferenças entre as línguas orais-auditivas e as gesto-visuais

Outra ideia muito comum é a de que as línguas de sinais são a versão sinalizada das línguas orais. Muitas pessoas acreditam, por exemplo, que a Libras seria uma versão em sinais da língua portuguesa falada no Brasil. O que não é verdadeiro, já que as línguas de sinais são autônomas em relação às orais, como também a outras línguas de sinais. Nesse sentido, elas não são um conjunto de gestos, mímicas e teatralização, tal como os sinais utilizados pelas pessoas ouvintes para se comunicarem.

Os falantes dessas línguas são capazes de representar conceitos abstratos tal como os das línguas faladas, porque as línguas de sinais possuem as mesmas qualidades e características de quaisquer outras línguas orais-auditivas, com suas estruturas fonético-fonológicas, morfológicas, sintáticas, semânticas e pragmáticas. Ambas as modalidades congregam, nas línguas que as constituem, unidades lexicais. Nas línguas orais-auditivas, tais unidades são chamadas de palavras, e nas línguas gesto-visuais, de sinais[3]. Nos dois casos, nas palavras e nos sinais, existem unidades mínimas de distinção passíveis de descrição.

Essas características começaram a ser pesquisadas após o pontapé inicial dado pelo linguista americano Willian Stokoe na década de 1960, quando defendeu a tese de que as línguas de sinais são

3 Wilcox e Wilcox (2005) debatem esse aspecto e defendem que os sinais deveriam ser chamados de palavras porque são unidades lexicais, tal como as que existem em línguas orais. Neste capítulo, para fins didáticos, assumiremos a designação *sinal/sinais* para discutir as unidades lexicais da Libras.

naturais[4]. Suas pesquisas iniciais no campo da fonética e fonologia mostraram que, tal como são as palavras, os sinais são passíveis de decomposição em unidades menores. Segundo Xavier e Barbosa (2014), assim como as vogais e as consoantes constituem as unidades sublexicais das unidades lexicais das línguas orais, Stokoe mostrou que a **configuração de mão**, o **movimento** e o **ponto de articulação** constituem unidades menores, descritíveis nos sinais na língua de sinais americana (ASL)[5], seu objeto de estudo.

Stokoe mostrou que os segmentos mínimos, chamados por eles em um primeiro momento de quiremas, em contraposição aos fonemas, organizavam-se de maneira diferente com relação às línguas orais. Nesses primeiros estudos linguísticos sobre uma língua de sinais, Stokoe identificou os traços distintivos mínimos da ASL e percebeu, conforme afirma Leite (2008a), que os quiremas pareciam ocorrer simultaneamente na ASL, ao passo que nas línguas orais os fonemas ocorriam sequencialmente. Segundo Leite (2008a, p. 22): "Tal diferença seria atribuída ao fato de a modalidade oral-auditiva impor uma linearidade sobre a cadeia de fala, os sons obrigatoriamente tendo que se suceder uns aos outros ao longo do tempo, diferentemente do que ocorria na composição do gesto no espaço".

Confira no Quadro 2.1 a comparação da mesma oração feita no português brasileiro e na Libras, com base na tese de Stokoe.

4 A expressão *línguas naturais* é utilizada pelos linguistas para contrapor a ideia de línguas artificiais. Certamente, nenhuma língua é "natural", no sentido de que elas nascem com/nos seres humanos, conforme defendem alguns ramos da linguística. Toda língua é construída socialmente por meio da interação das comunidades humanas. Entretanto, utilizaremos, neste texto, o termo usado pelos linguistas, a fim de manter a tese original de Stokoe.

5 Em inglês, *American Sign Language*.

Quadro 2.1 – Exemplo de oração em português × Libras

Oração: Eu vou tomar água no copo	
Português brasileiro	**Libras**
/ew vow tõm'ar agwə nw k'ɔpʊ/[6] → Linearidade na produção fonológica imposta pelos articuladores orais. Fonemas não podem ser produzidos simultaneamente.	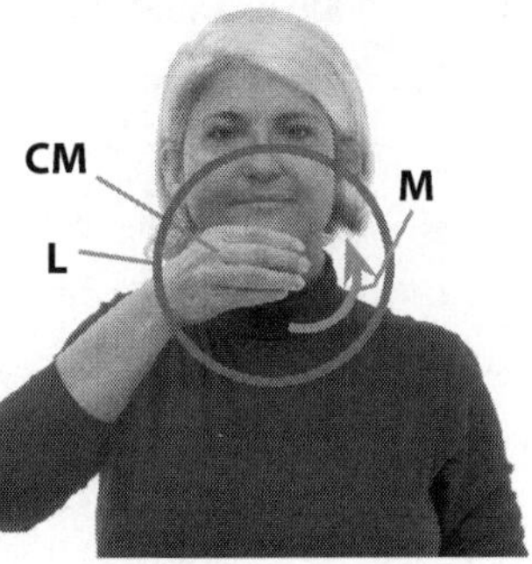 Simultaneidade da produção fonêmica/quirêmica devido aos articuladores manuais e corporais. L: localização M: movimento CM: configuração de mão[7]

Em ambos os exemplos, caso os fonemas sejam analisados separadamente, veremos que eles não possuirão sentido algum. Todavia, em conjunto, produzem unidades de sentido. Sob esse prisma, Stokoe percebeu que, na língua de sinais, os aspectos mínimos – uma configuração de mão na forma de “C”, a localização em frente à boca, um movimento no espaço – não trariam, em si, significados intrínsecos. Contudo, combinados, eles poderiam expressar significados.

Com isso, Stokoe mostrou que as línguas orais-auditivas e as línguas gesto-visuais se estruturam, do ponto de vista da organização

6 Transcrição fonética conforme variação padrão de São Paulo feita pelo Portal da Língua Portuguesa, disponível em: <http://www.portaldalinguaportuguesa.org/>. Acesso em: 4 fev. 2019.

7 Exemplo retirado de Quadros e Karnopp (2004).

mínima, de maneira semelhante, ou seja, utilizam um conjunto limitado de elementos para uma produção ilimitada e produtiva (Leite, 2008a). No entanto, ele também revelou que essa organização se diferencia devido à modalidade. É preciso salientar, no entanto, que a linearidade é uma característica presente nas línguas de sinais, porque este é um princípio estrutural nas línguas. O interesse de Stokoe, nesse sentido, era mostrar que, no nível fonético-fonológico, havia uma organização diferente em relação às línguas orais.

Pesquisadores identificaram outros traços distintivos mínimos de sentido estabelecidos durante a produção de uma unidade lexical. Battison (1974) e Friedman (1975) identificaram a orientação da palma da mão como elemento importante para a produção de sentido de um sinal e, mais tarde, Liddell (1978) propôs que os sinais não manuais formados principalmente por determinadas combinações de posição de cabeça e expressões faciais serviriam para delimitar constituintes gramaticais como sintagmas e orações.

Com esses acréscimos às descrições de Stokoe, os seguintes parâmetros fonológicos das línguas de sinais foram delimitados: configuração de mão (CM); movimento (M); localização (L); expressões não manuais (ENMs); e orientação da palma da mão (Or). A alteração desses elementos durante a realização de um sinal pode, por conta de seu caráter distintivo, resultar na realização de um sinal diferente. Observe o exemplo de três pares mínimos distintivos retirados de Leite (2008a).

Quadro 2.2 – Exemplos de pares mínimos

Fonte: Elaborado com base em Leite, 2008a, p. 22.

No primeiro exemplo do Quadro 2.2, observamos uma mudança da configuração de mão; no segundo quadro, há uma mudança do ponto de articulação; no terceiro, uma mudança de movimento. Perceba que, nos exemplos retirados de Leite (2008a), a mudança em alguma das unidades fonológicas poderia produzir sentido adverso do que o falante originalmente pretenderia[8].

Além das dimensões sistêmicas e estruturais citadas, as línguas gesto-visuais apresentam as mesmas características de funcionamento e qualidades de qualquer outra língua, conforme mostra Harisson (2013, p. 32):

1. Versatilidade e flexibilidade: é a qualidade que as línguas possuem de poder expressar qualquer sentimento, emoção, fazer indagações, fazer referência ao passado, presente ou futuro, ou até mesmo a fatos e coisas que não existem.
2. Arbitrariedade: é a característica segundo a qual a forma da palavra (seja falada, escrita ou sinalizada) não tem relação direta com seu significado. Se ouvirmos uma palavra em língua estrangeira, o som da palavra não nos ajudará a saber seu significado. Da mesma maneira, ver um sinal não ajudará a conhecer o que significa, a não ser que conheçamos a língua.
3. Criatividade/produtividade: é a possibilidade que as línguas possuem de produzir infinitos enunciados a partir de um número finito de fonemas[9] ou quiremas[10].

8 Existem, ainda, diferenças de modalidade nos níveis morfológico, sintático e discursivo. Entretanto, neste capítulo, focaremos apenas nas diferenças em nível fonético-fonológico.

9 Para ver diferentes tipos de discursos em Libras que expressem a criatividade e produtividade dessa língua, acesse, no YouTube, o canal Pedagógico SMESP. Nesse canal, estão publicados vídeos da coleção destinada ao apoio e à aprendizagem de Libras (São Paulo, 2012) da prefeitura de São Paulo, os quais apresentam diferentes gêneros discursivos. Disponível em: <https://www.youtube.com/user/pedagogicosmesp/videos>. Acesso em: 4 fev. 2019.

10 Os primeiros estudos linguísticos sobre a língua de sinais realizados por Stokoe mapearam os traços distintivos mínimos da ASL. A esses traços, Stokoe nomeou *quiremas*, para diferenciá-los dos fonemas, aplicados às línguas orais. Porém, conforme mostram Leite (2008a) e Xavier (2006), essa nomenclatura caiu pelos pesquisadores que sucederam Stokoe pela necessidade de se usar uma nomenclatura que já estivesse presente na linguística enquanto ciência. Nesse sentido, às unidades mínimas das línguas de sinais os pesquisadores têm chamado de *fonemas* ou *parâmetros fonológicos*.

4. Dupla articulação: é a característica das línguas de possuir um número finito de unidades (fonema ou quirema) que isoladamente não têm significado. Apenas se forem combinados a outros fonemas/quiremas adquirem significado. Por exemplo, os sons *o*, *p*, *t*, *a*, isolados, não têm significado, mas ao serem combinados, como em *pato* ou *topa* ou *opta*, ganham diferentes sentidos. Pode-se compreender, então, que há duas camadas nas palavras, uma de unidades menores e outra de unidades maiores.

Então, o grande desafio dos linguistas, a partir dos estudos de Stokoe, foi o de apontar a existência de elementos comparáveis entre as línguas orais e as espaço-visuais, demonstrando que, de fato, existem semelhanças comparáveis que lhes conferem o estatuto de línguas naturais. Segundo Quadros (2006, p. 169), a pergunta que antes era "'Como a linguística se aplica às línguas de sinais ou dá conta das línguas de sinais?' passou a ser 'Como as línguas de sinais podem contribuir para os estudos linguísticos?'". Segundo a autora, "A mudança, aparentemente sutil, abre novos caminhos investigativos no campo da linguística buscando explicações para o que é diferente entre estas modalidades de língua, inclusive com o exercício de olhar as línguas de sinais a partir delas mesmas enquanto línguas visuais-espaciais" (Quadros, 2006, p. 169).

Essas diferenças, no entanto, não parecem se manifestar no nível neurolinguístico, tal como os estudos biológicos sobre a linguagem humana vêm demonstrando. Em estudos com surdos afásicos, ou seja, com problemas de produção e compreensão de linguagem, Rodrigues (1993) e Emmorey, Bellugi e Klima (1993) evidenciam que a organização neurológica da língua de sinais não difere daquela já observada para as línguas orais. Os pesquisadores realizaram um mapeamento neurológico em surdos que foram acometidos por acidente vascular cerebral (AVC) e que ficaram com sequelas na linguagem, a chamada *afasia*. As lesões causadas pelo AVC foram nas mesmas regiões de processamento da linguagem de sujeitos ouvintes que utilizam línguas orais. Isso mostrou que, do ponto de vista neural, as línguas de sinais são processadas no hemisfério esquerdo, nas regiões de Broca e de Wernicke, responsáveis pela articulação e compreensão da linguagem.

2.5 Iconicidade de arbitrariedade das línguas gesto-visuais

As línguas gesto-visuais, pelo fato de serem percebidas pela visão e transmitidas pelas mãos, pelo rosto e pelo corpo, têm a capacidade de representar certos conceitos espacial-temporais e captar as características físicas do referente, tomando-os como base para a criação dos sinais. Tais propriedades são nomeadas de *iconicidade* e permitem que as línguas de sinais tenham estruturas morfológicas não totalmente arbitrárias e que podem ser similares entre as línguas de sinais.

Segundo Albres (2012), a relação arbitrariedade/iconicidade depende da convencionalidade entre os usuários das línguas. As primeiras descrições sobre a propriedade icônica das línguas de sinais foram realizadas por Klima e Bellugi (1979). Ao comparar diferentes línguas de sinais, os pesquisadores observaram que, embora todas elas façam uso da iconicidade para a produção de seus sinais, cada uma apresenta um sinal distinto para um mesmo referente. Veja o exemplo de Klima e Bellugi (1979), retomado por Albres (2013), em três línguas de sinais diferentes para o referente *árvore*:

Quadro 2.3 – Exemplos do mesmo sinal em três línguas distintas

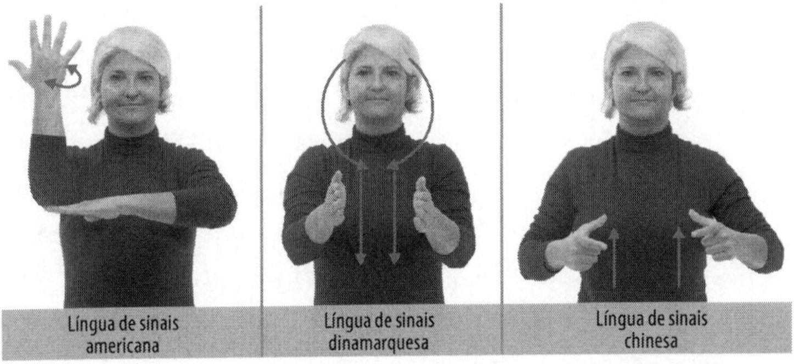

Fonte: Elaborado com base em Albres, 2013, p. 83.

Podemos compreender esses exemplos com a ajuda da colocação de Quadros, Pizzio e Rezende (2009, p. 15-16) referindo-se à iconicidade da língua assim como à composição dos sinais a partir de classificadores:

> Os gestos são visuais e representam a ação dos atores que participam da interação por meio da imitação do ato simbolizando as relações com as coisas. As línguas de sinais aproveitam esse potencial dos gestos trazendo-os para dentro da língua, fazendo com que sinais visuais representem palavras envolvendo a organização da língua. Um exemplo produtivo dessa característica é o uso de classificadores. Este fenômeno linguístico é uma representação visual de objetos e ações de forma quase que transparente, embora apresente características convencionadas de forma arbitrária. Parece que houve um processo do gestual para o gramatical, mantendo algumas das características do primeiro e tornando-se parte do sistema linguístico das línguas de sinais. [...]

> Alguns dos objetos que apresentam uma forma visual concreta influenciaram a forma dos seus sinais. Nesse sentido, passamos a tratar da "iconicidade", ou seja, da identidade do signo linguístico e o seu significado. Klima e Bellugi (1979) analisam detalhadamente a possível iconicidade de alguns sinais em diferentes línguas de sinais e concluem que ela é arbitrária, assim como os demais sinais. (Quadros; Pizzio; Rezende, 2009, p. 15-16)

Observe outros exemplos no Quadro 2.4.

Quadro 2.4 – Uso dos classificadores

Tyler Olson/Shutterstock

Desse modo, a relação signo/referente em línguas de modalidade gesto-visual é mais icônica que arbitrária, embora a arbitrariedade esteja presente de maneira intensa nessas línguas.

Síntese

Indagações a respeito das comparações entre línguas orais-auditivas e gesto-visuais existirão por muito tempo. Os estudos sobre as línguas de modalidade gesto-visual iniciadas por Stokoe abriram novas frentes de pesquisas e descobertas nos campos de estudos linguísticos para as línguas de sinais faladas pelas comunidades surdas ao redor do mundo e, além disso, abalaram conceitos clássicos da linguística moderna fundada por Ferdinand de Saussure.

A comprovação de que línguas dessa modalidade são sistemas linguísticos autônomos tais como as línguas orais-auditivas abriu espaço para estudos em diferentes níveis de análises, tendo como constatação semelhanças linguísticas e especificidades entre as línguas de sinais e as orais. Pesquisas demonstraram que tanto nas línguas espaço-visuais como nas línguas orais existem aspectos gramaticais, linguísticos e interativos.

Aprendizes da língua de sinais, além de compreenderem esses aspectos, necessitam entender conceitos como iconicidade e simultaneidade, além dos recursos da língua, pela sua modalidade gestual-visual que se constrói nos sentidos e significados estabelecidos no âmbito das comunidades surdas, buscando utilizá-los nas mais diferentes situações comunicativas.

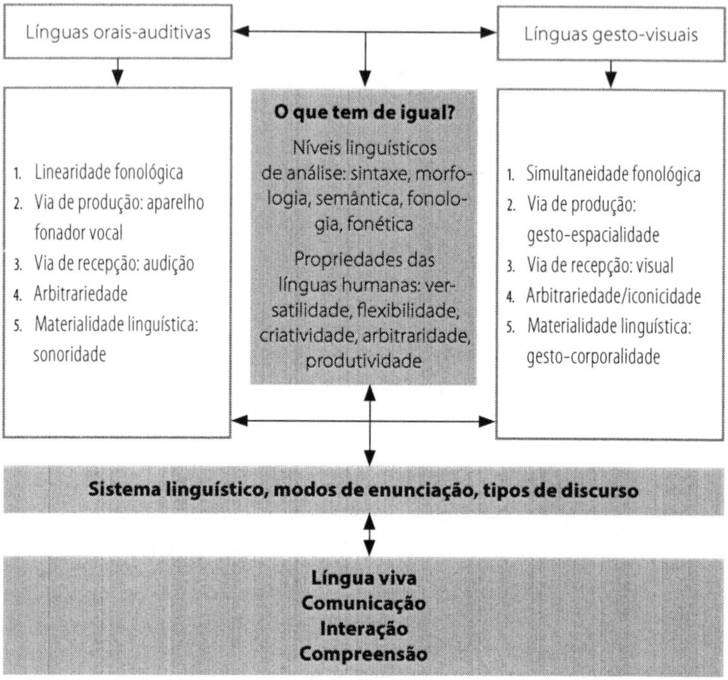

Atividades de autoavaliação

1. As línguas de modalidades oral-auditiva e gesto-visual apresentam traços de diferença e de semelhança. Com base nessa afirmação, assinale a alternativa correta:
   a. Flexibilidade, criatividade, produtividade e variedade padrão são as diferenças principais entre as duas modalidades.
   b. As duas modalidades têm via de produção oral e via de recepção auditiva.
   c. As vias de recepção e produção são diferentes e, por isso, não há competição pelo canal articulatório.

d. Nas línguas orais-auditivas e nas línguas gesto-visuais, a iconicidade é aspecto constitutivo.

2. Analise se as afirmações a seguir são verdadeiras (V) ou falsas (F):

( ) A gestualidade é a base material linguística das línguas de sinais.

( ) A principal via de produção das línguas de sinais é o aparelho fonador vocal.

( ) Enquanto a Libras é gesto-visual, a língua portuguesa é oral-auditiva.

( ) A modalidade gesto-visual congrega sistemas pictóricos, não gramaticais, pantomímicos e não linguísticos.

Agora, indique a alternativa que corresponde à sequência correta:

a. V, F, V, F.
b. F, V, F, V.
c. V, V, F, F.
d. F, V, F, F.

3. O que é modalidade linguística?
   a. Conceito utilizado para definir as línguas orais-auditivas.
   b. Conceito utilizado para definir as línguas gesto-visuais.
   c. Conceito utilizado para expressar os diferentes tipos de materialidade da linguagem humana, relacionado, diretamente, com as vias de produção e de recepção das línguas.
   d. Conceito que define sistemas comunicacionais cinestésico-corporais e gráfico-visuais.

4. As línguas de modalidade oral-auditiva e gesto-visual podem estar em constante contato, desde que existam comunidades surdas e ouvintes em contato. Com base nisso, assinale a alternativa correta:
   a. As línguas de sinais são subalternas às línguas orais.

b. A gramática das línguas orais é influenciada pela das línguas de sinais.
c. Ainda que estejam em contato, essas línguas não se influenciam.
d. A interferência linguística é um fenômeno natural que acontece porque línguas e comunidades estão em contato e, por isso, línguas de sinais e orais podem se influenciar.

5. Analise as afirmativas a seguir e assinale (V) nas verdadeiras e (F) nas falsas:

( ) A iconicidade das línguas de sinais as descaracteriza como línguas.

( ) A iconicidade das línguas de sinais as caracteriza como sistemas mímicos.

( ) A iconicidade das línguas de sinais acontece devido à modalidade linguística.

( ) A presença de iconicidade nas línguas de sinais não significa que elas não sejam, também, arbitrárias.

Agora, indique a alternativa que corresponde à sequência correta:

a. F, F, V, V.
b. F, V, V, V.
c. V, F, V, V.
d. F, F, V, F.

Atividades de aprendizagem

Questões para reflexão

1. A língua de sinais, por ser uma língua de modalidade gesto-visual, é comumente confundida com a pantomima realizada por atores profissionais. Entretanto, diferente da pantomima, a compreensão da língua de sinais não se dá apenas associando os gestos aos referentes, ou seja, como língua, a relação entre o signo gestual e os referentes é bem limitada. Por outro lado, a dimensão gestual da língua de sinais facilita a interação dos surdos com ouvintes, por se estar no limite entre a iconicidade da pantomima e a arbitrariedade de um sistema linguístico. Reflita sobre as possibilidades comunicativas que os surdos extraem da língua de sinais para as comunicações cotidianas.

2. A dimensão gestual da língua de sinais possibilita uma maior facilidade na interação entre os surdos e os ouvintes que não conhecem essa língua. Certamente, essa interação será limitada às situações mais corriqueiras. Caso a comunicação seja mais complexa, faz-se necessária a presença de um intérprete. Você já teve a oportunidade de se comunicar com surdos? Quais foram os recursos que você utilizou nessa interação? Caso ainda não saiba a língua de sinais e queira interagir com a comunidade surda, faça uso dessa dimensão gestual que, aliada a uma boa articulação orofacial e/ou à escrita, poderá ajudar em situações comunicativas menos complexas.

Atividades aplicadas: prática

1. Uma das maneiras mais eficazes de melhorarmos nossas habilidades linguísticas em uma segunda língua é a auto-observação. Se você está aprendendo a língua de sinais, grave a si mesmo com um celular ou uma câmera e assista a sua produção linguística. Assim, você poderá mapear em que aspecto precisa se aperfeiçoar.
2. O livro *Aprender a ver*, de Wilcox e Wilcox (2005), é uma referência sobre a língua de sinais e, principalmente, sobre o universo cultural e linguístico das pessoas surdas. A obra ainda relata os aspectos necessários para a aprendizagem de línguas de sinais como segunda língua. Leia o livro e atente-se para as dicas dos autores sobre a necessidade de reeducação do olhar para a aprendizagem de línguas dessa modalidade.

   Você pode acessar a obra no seguinte *link*: <http://www.editora-arara-azul.com.br/site/ebook/detalhes/9>. Acesso em: 5 fev. 2018.

capítulo três

Sistema linguístico da Libras

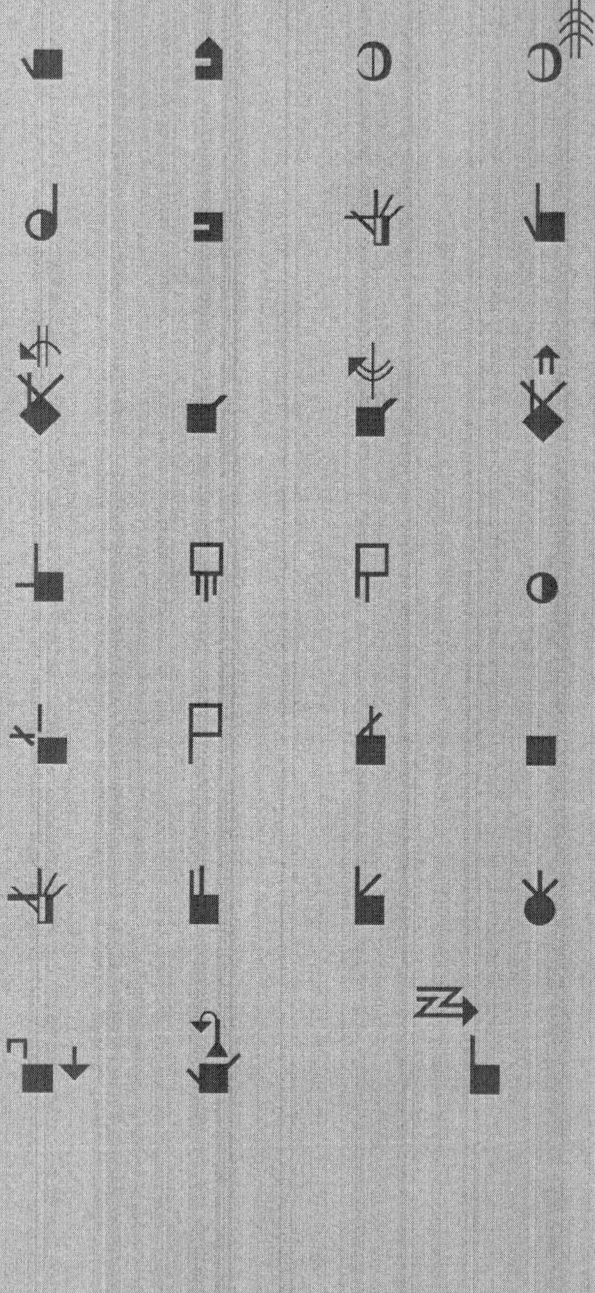

Mariana de Lima Isaac Leandro Campos
Joyce Cristina Souza Almeida

Neste capítulo, tratamos do sistema linguístico da língua brasileira de sinais (Libras), considerando-a como forma de comunicação e expressão, dotada de uma estrutura gramatical própria, cuja modalidade é de natureza gesto-visual e é utilizada pelas comunidades surdas do Brasil, conforme reconhece a Lei n. 10.436, de 24 de abril de 2002 (Brasil, 2002). O termo *Libras* representa a língua de sinais utilizada no Brasil. Nesse sentido, vale ressaltar que cada país possui a sua própria língua, seja ela oral ou de sinais. No que se refere às línguas de sinais, temos no Brasil, além da Libras, a língua de sinais urubu-caapor brasileira, utilizada pela comunidade indígena homônima, localizada no Estado do Maranhão. Além dessas, existem outras línguas de sinais, tais como a americana (ASL – *American Sign Language*), a argentina (LSA– *lengua de señas argentina*) e a britânica (BSL – *British Sign Language*). Tal fato desconstrói o mito de que a Libras seja uma língua universal.

As línguas de sinais são constituídas pelos mesmos elementos gramaticais presentes nas línguas orais, pois são estruturadas a partir de unidades mínimas que formam unidades mais complexas, isto é, possuem níveis linguísticos nos âmbitos fonológico, morfológico, sintático, semântico e pragmático.

A seguir, apresentamos os aspectos estruturais gramaticais presentes na Libras.

3.1 A linguística e sua relação com a língua de sinais

A linguística, enquanto campo da ciência, é responsável por investigar a linguagem humana. Ela tem crescido consideravelmente como área de estudo nas últimas décadas, tanto como disciplina acadêmica, quanto pela sua interdisciplinaridade com outras áreas de conhecimento. Segundo Robins (1981), a linguagem, em todas as suas formas e manifestações – isto é, todas as línguas do mundo e todos os diferentes usos em que elas estão empregadas nas várias circunstâncias da humanidade –, constitui o campo do linguista. Sendo assim, é importante refletir sobre a grande variedade de línguas existentes no mundo, bem como a respeito das contribuições da linguística tanto para as línguas vivas, ou seja, as que são utilizadas até hoje como meio de comunicação, quanto para as línguas mortas, como o grego antigo ou o inglês antigo (anglo-saxão), línguas não mais faladas, mas conhecidas por meio dos registros escritos.

A linguística tem estado fortemente presente em outras áreas de estudo, dialogando com a filosofia, filologia, educação, antropologia, sociologia, psicologia, neurologia, informática, entre outras. Considerando tais áreas, a linguística se preocupa com a natureza da linguagem e da comunicação e parte de pressupostos básicos que determinam suas investigações (Saussure, 2012).

> Um dos mais importantes pressupostos é o de que a linguagem é restringida por determinados princípios (regras) que fazem parte do conhecimento humano e determinam se a produção é oral ou visuoespacial, dependendo da modalidade das línguas (falada ou sinalizada), da formação das palavras, da construção de sentenças e textos. (Quadros; Karnopp, 2004, p. 16)

Nesse sentido, independente da língua estudada (inglês, francês, português, ASL ou Libras), é possível determinar e identificar princípios universais que regem todas elas. Sendo assim, mesmo que haja diferenças entre as línguas, as estruturas possuem aspectos comuns que interessam ao campo da linguística, já que ela trata da natureza da linguagem humana. Tais aspectos se configuram em áreas da linguística e são classificados em: fonologia, morfologia, sintaxe, semântica e pragmática.

Ao analisar a ASL, o linguista William Stokoe identificou elementos gramaticais estruturantes, a partir dos quais as línguas de sinais adquiriram o *status* de língua e chamaram a atenção dos linguistas para maiores investigações e contribuições no campo da linguística.

A seguir, elencamos as referidas áreas da linguística, fazendo referência à língua brasileira de sinais – popularmente conhecida como *Libras*.

3.2 Fonologia da Libras

Antes de versarmos sobre os aspectos fonológicos da Libras, comentaremos brevemente a respeito da fonética e da fonologia no âmbito da linguística geral. A fonética é o campo da ciência linguística que estuda, descreve e analisa os sons da linguagem humana e suas particularidades acústicas. Sua unidade mínima é o **som da fala** ou **fone**. Já a fonologia estuda os sons do ponto de vista funcional, identificando o modo como eles se estruturam e organizam os fonemas, os quais, combinados a outros elementos de diferenciação, formam morfemas, palavras e frases. Enquanto os estudos fonéticos se preocupam em descrever, os estudos fonológicos se ocupam em descrever e interpretar os sons de uma determinada língua e/ou sua função linguística.

Segundo Klima e Bellugi, citados por Quadros e Karnopp (2004), enquanto nas línguas orais a produção dos fonemas se dá por meio da passagem de ar via laringe, nariz e boca, nas línguas de sinais essa produção se configura a partir de parâmetros visuais. O que torna ambas diferentes quanto à modalidade não é simplesmente o fato de que uma faz uso do aparelho fonador e a outra utiliza as mãos e o espaço. Existem outras características fonológicas das duas modalidades que devem ser destacadas, tais como a estrutura linear, mais presente nas línguas orais, e a simultaneidade, característica básica das línguas de sinais.

Na língua de sinais, a fonologia tem a tarefa de identificar a estrutura e a organização das unidades que compõem o sistema linguístico, bem como estabelecer quais são as possíveis combinações e variações entre as unidades, além de descrever os traços distintivos da língua. Mas, que traços seriam esses? Haveria traços comuns a todas as línguas? No decorrer deste capítulo, analisaremos esses detalhes.

Em 1960, o linguista Stokoe, ao analisar a ASL, identificou elementos gramaticais que permitiam denominá-la língua. Esse autor comprovou que a ASL atendia aos critérios de uma língua genuína e apontou três parâmetros principais que constituiriam os sinais, classificando-os em: configuração de mão (CM), localização (L) ou ponto de articulação (PA) e movimento (M).

Posteriormente, Battison (1974) e Klima e Bellugi, citados por Quadros e Karnopp (2004), complementaram o quarto e o quinto parâmetros desse sistema linguístico, sendo eles: orientação de mão (OM) e expressão não manual (ENM). Desse modo, configuraram-se os cinco parâmetros formacionais que compõem o sistema fonológico das línguas de sinais.

3.2.1 Configuração de mão (CM)

Entende-se por *configuração de mão* as formas de configurar a mão que, somadas a outros elementos, compõem diferentes sinais. Quanto à quantidade de CMs, Brito (1995) observou a existência de 46 configurações, ao passo que Lira e Souza (2005) apontaram 73 (Figura 3.1) e Nascimento (2009), em sua tese de doutorado, mencionou a existência de mais de 75 CMs. Isso implica dizer que a Libras tem ganhado mais visibilidade na área acadêmica, e as pesquisas voltadas para essa língua passaram a enxergar aquilo que antes era ignorado, trazendo grandes contribuições e avanços nos estudos da língua de sinais brasileira.

Figura 3.1 – As 73 CMs da Libras segundo Lira e Souza (2005)

Algumas dessas configurações compõem o alfabeto manual, também conhecido como alfabeto datilológico ou datilologia, composto por 27 letras (incluindo o grafema "ç", que é a mesma configuração da mão da letra "c" com movimento trêmulo).

É importante lembrar que o alfabeto manual não é a língua de sinais propriamente dita. Sua utilização ocorre quando se pretende fazer referência a conceitos expressos por palavras da língua oral majoritária que ainda não são expressos por um sinal convencional da língua de sinais. Entre os casos em que a datilologia é empregada, mencionamos os nomes próprios, as siglas, os elementos específicos e técnicos etc. Vale ressaltar que cada país possui o seu próprio alfabeto manual e, consequentemente, uma própria língua de sinais.

Na maioria dos países, o alfabeto manual é reproduzido com apenas uma das mãos, ficando a critério do sinalizante, seja ele surdo ou ouvinte, utilizar a sua mão dominante. Já nos países britânicos, o alfabeto manual é realizado com as duas mãos. A seguir, na Figura 3.2, você pode conferir o alfabeto manual da Libras, e na Figura 3.3, o dos Estados Unidos.

Figura 3.2 – Alfabeto manual do Brasil

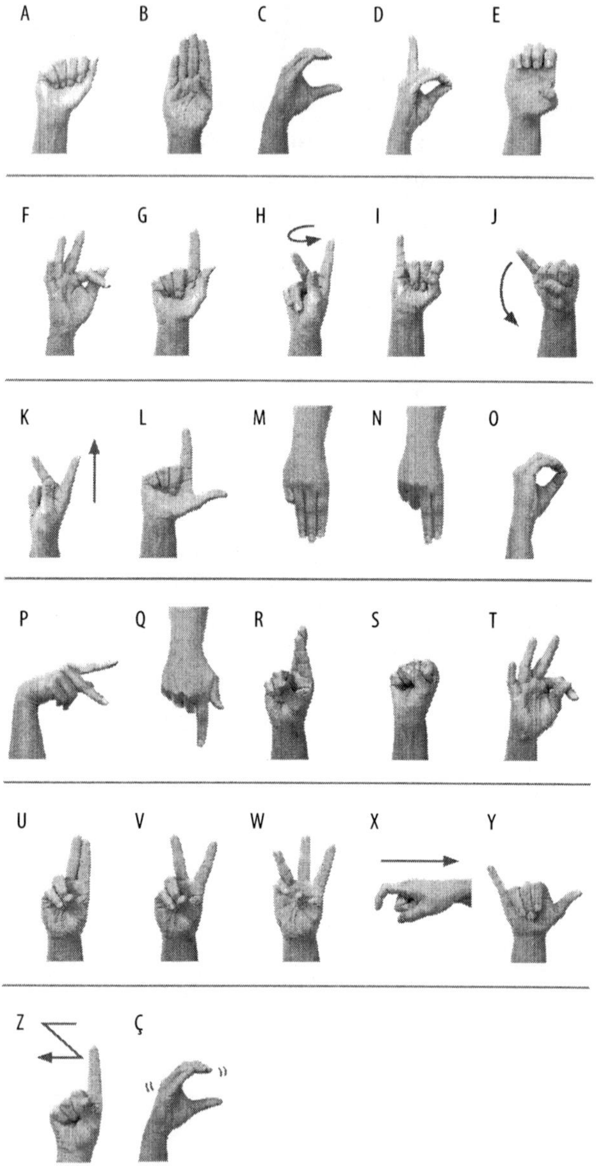

Figura 3.3 – Alfabeto manual dos Estados Unidos

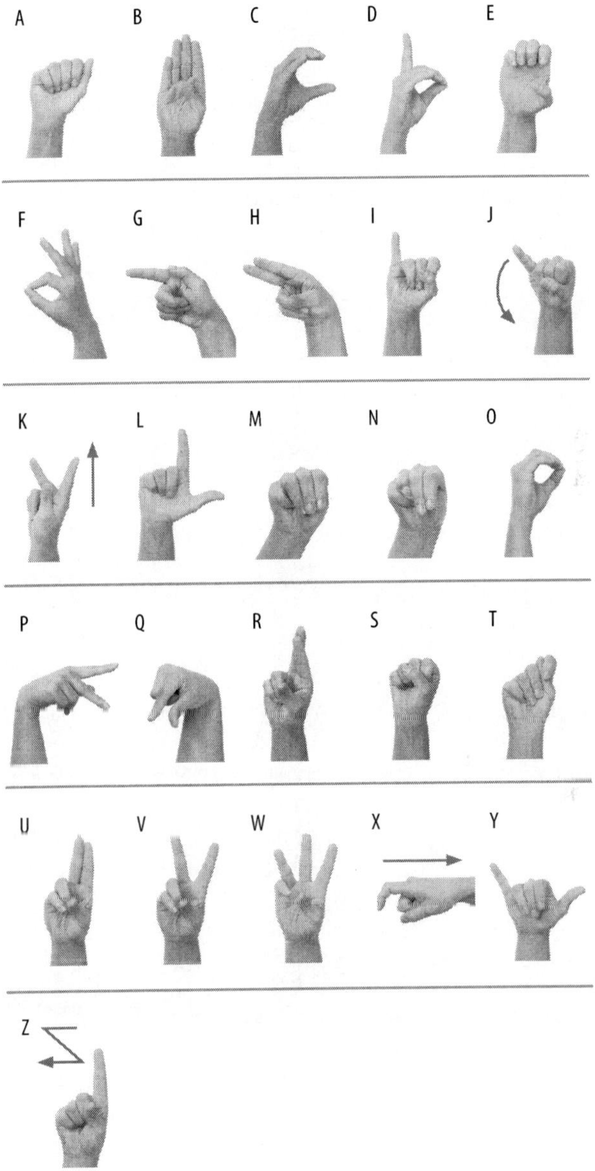

Além do alfabeto manual, existe também o alfabeto datilológico, utilizado pelas pessoas surdocegas, executado com ambas as mãos para soletrar as palavras. Para soletrar, os surdocegos precisam segurar na mão do interlocutor para sentir o sinal. Acompanhe a seguir, na Figura 3.4, uma ilustração desse alfabeto.

Figura 3.4 – Alfabeto manual dos surdocegos

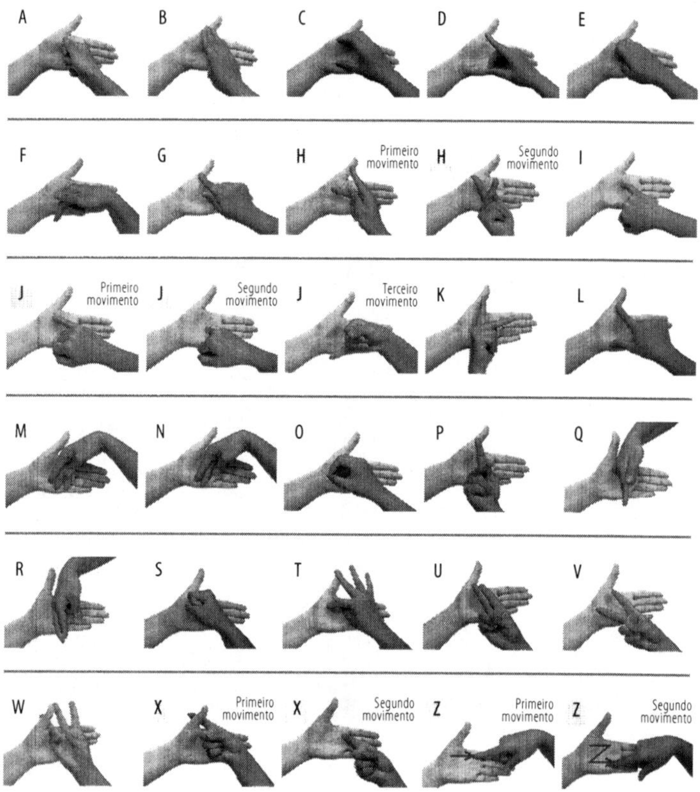

Fonte: Manual..., 2012.

3.2.2 Localização (L) ou ponto de articulação (PA)

A localização ou ponto de articulação refere-se ao lugar onde o sinal é articulado, podendo ser no próprio corpo ou no espaço neutro em frente ao corpo. Para William Stokoe, esse parâmetro é um dos principais aspectos formacionais da língua de sinas. Brito (1995, p. 38) afirma que "os sinais realizados em contato ou próximos a determinadas partes do corpo pertencem, muitas vezes, a um campo semântico específico, organizado a partir de características icônicas".

Essa afirmação nos remete também ao modelo de metáforas espaciais ou orientacionais proposto por Lakoff e Johnson, citados por Faria (2006), as quais conferem a conceitos determinadas orientações espaciais. Tais metáforas organizam todo sistema de conceitos a partir de várias bases físicas, sociais e culturais possíveis enraizadas na experiência física e cultural e, por isso, não construídas ao acaso.

Nesse sentido, os sinais que se referem à visão ou ao campo visual são realizados na região próxima dos olhos; os que dizem respeito à alimentação, próximos da boca; os referentes a sentimentos, próximos do coração; aqueles relativos ao raciocínio, à intelectualidade e à cognição são realizados próximos da cabeça, e assim por diante. Sendo assim, os sinais podem ser articulados em diferentes regiões do próprio corpo, tais como cabeça, tronco, braço, mãos ou no espaço neutro.

A seguir, no Quadro 3.1, reunimos as possíveis regiões onde os sinais podem ser executados, de acordo com Brito, citado por Quadros e Karnopp (2004). Em seguida, na Figura 3.5, apresentamos alguns exemplos de CM em diferentes PAs.

Quadro 3.1 – Regiões de contato de execução dos sinais

Cabeça	Tronco	Mão	Espaço neutro
Topo da cabeça	Pescoço	Palma da mão	Espaço
Testa	Ombro	Costa da mão	
Rosto	Busto	Lado do indicador	
Parte superior do rosto	Estômago	Lado do dedo mínimo	
Parte inferior do rosto	Cintura	Dedos (mínimo, anular, médio, indicador e polegar)	
Orelha	Braço	Ponta dos dedos	
Olhos	Antebraço		
Nariz	Cotovelo		
Boca	Pulso		
Bochechas			
Queixo			

Fonte: Elaborado com base em Brito, citado por Faria, 2006.

Figura 3.5 – Exemplos de sinais realizados nas regiões da cabeça e do tronco

3.2.3 Movimento (M)

O movimento é outro parâmetro do nível fonológico que constitui o sinal e pode ser executado de diferentes formas. Os movimentos podem variar em função do tipo, da direcionalidade, bem como da maneira e frequência com que são executados. Conforme Brito, "O tipo do movimento pode estar nas mãos, pulsos e antebraço. Quanto à direcionalidade do movimento, pode ser unidirecional, bidirecional ou multidirecional". (Brito, citado por Quadros; Karnopp, 2004, p. 55).

Segundo Quadros e Karnopp (2004), entende-se por *maneira* a descrição da qualidade, tensão e velocidade do movimento; já a *frequência* refere-se ao número de repetições de um determinado movimento. Existem vários tipos de movimentos nos sinais, sendo os mais comuns: retilíneo, circular, ondulatório, helicoidal, angular e zigue-zague. Veja a seguir, no Quadro 3.2, alguns exemplos de sinais com esses movimentos.

Quadro 3.2 – Exemplos de alguns movimentos

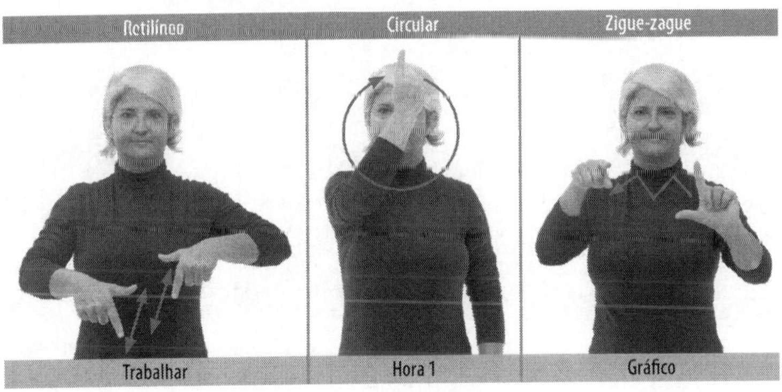

3.2.4 Orientação de mão (OM)

Embora a orientação da palma da mão seja um dos parâmetros que compõem a língua de sinais, ela é de ordem secundária, pois não é tida como um parâmetro distintivo. Porém, segundo Quadros e Karnopp (2004), a orientação da palma da mão pode distinguir um sinal de outro, tornando-se um relevante traço distintivo na produção dos sinais. A palma da mão pode estar orientada para baixo, para cima, para o corpo, para frente, para a esquerda ou para a direita. Observe na Figura 3.6 alguns exemplos de sinas com OMs diferentes.

Figura 3.6 – Exemplos de algumas orientações diferentes

3.2.5 Expressões não manuais (ENMs)

Quanto às ENMs, segundo Quadros e Karnopp (2004, p. 60), "podem ser representadas por movimentos faciais, dos olhos, da cabeça ou tronco e prestam-se a dois importantes papéis nas línguas de sinais: marcação de construções sintáticas e diferenciação de itens lexicais".

Tomando por base essa explicação, o primeiro importante papel das ENMs diz respeito a fazer marcações de sentenças afirmativas e negativas, perguntas, orações condicionais e relativas e topicalizações. Já o segundo papel marca referências específicas, pronominais, partículas negativas, advérbios, graus ou aspectos, conforme descrevem Brito (1995) e Quadros e Karnopp (2004). É importante salientar que é possível ocorrer duas ENMs simultaneamente – marcas de interrogação e negação, por exemplo.

A seguir, indicamos alguns exemplos de ENMs utilizadas na Libras.

Figura 3.7 – Diferentes expressões não manuais

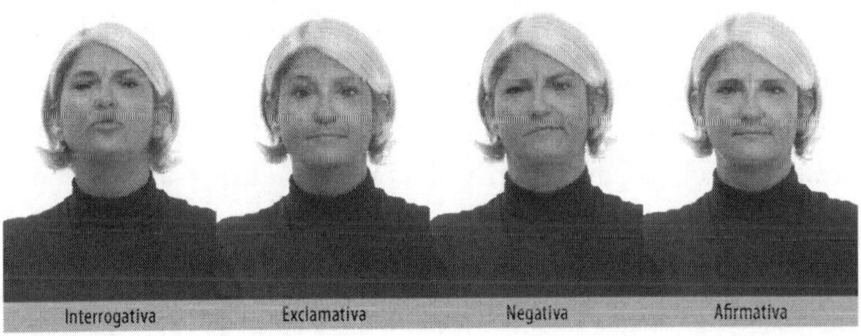

3.3 Morfologia

A morfologia estuda a estrutura, a formação e a classificação das palavras (na língua portuguesa) ou dos sinais (em Libras). Para identificarmos e compreendermos uma palavra, precisamos contar com a informação fonética/fonológica (dominar a pronúncia, os sons, a sequência de sons), a informação morfológica (saber como o plural se forma, como o gênero é marcado, perceber as relações entre as palavras), a informação sintática (saber onde a palavra se encaixa na estrutura) e a informação semântica (compreender o significado – ou os significados – da palavra) (Quadros; Karnopp, 2004).

A morfologia estuda isoladamente as palavras, ou seja, não considera o contexto da frase. Morfemas são as unidades mínimas de significado que formam as palavras. Eles podem ser simples ou complexos (nesse caso, constituídos de mais de um elemento). De acordo com Quadros e Karnopp (2004), a formação de novas palavras envolve diferentes processos na língua portuguesa, tais como a sufixação, a prefixação, a composição, entre outros.

Por exemplo, na língua portuguesa existem algumas palavras monomorfêmicas, isto é, constituídas com apenas um elemento (um morfema – palavras monomorfêmicas), como acontece nos substantivos que não podem ser divididos em unidades semânticas menores, tais como: sol, pai, mãe, céu. Na Libras, isso também acontece, por exemplo: os sinais constituídos com apenas um elemento, tais como para *AMIG@* [amiga(s) ou amigo(s)] e *AV@* [avó(s) ou avô(s)].

Lembrando que na Libras não há desinências para o uso específico de gêneros (masculino e feminino) e número (plural). O sinal utilizado para representar essas marcas é @, para reforçar a ideia de ausência do gênero (Felipe; Monteiro, 2007). A seguir, na Figura 3.8, algumas imagens para uma melhor compreensão dos sinais monomorfêmicos.

Figura 3.8 – Exemplos de sinais monomorfêmicos

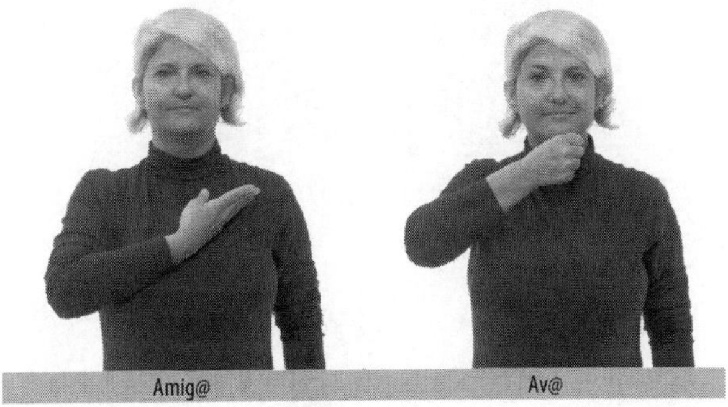

Na língua portuguesa, também há palavras constituídas por mais de um morfema, como acontece no adjetivo *incapaz*, que possui dois elementos significativos: o prefixo negativo *in-* e o adjetivo *capaz*. Outro exemplo, juntando o adjetivo *capaz* e o sufixo *-idade*, forma-se o substantivo *capacidade*.

Já na Libras, por exemplo, segundo Quadros, Pizzio e Rezende (2009, p. 27), o sufixo de negação é anexado a verbos, isto é, "um sinal é realizado com uma mão, em que os dedos tomam a forma do número ZERO e há o movimento que parte do sinalizante em direção ao espaço neutro".

Figura 3.9 – Sinal de precisar-não

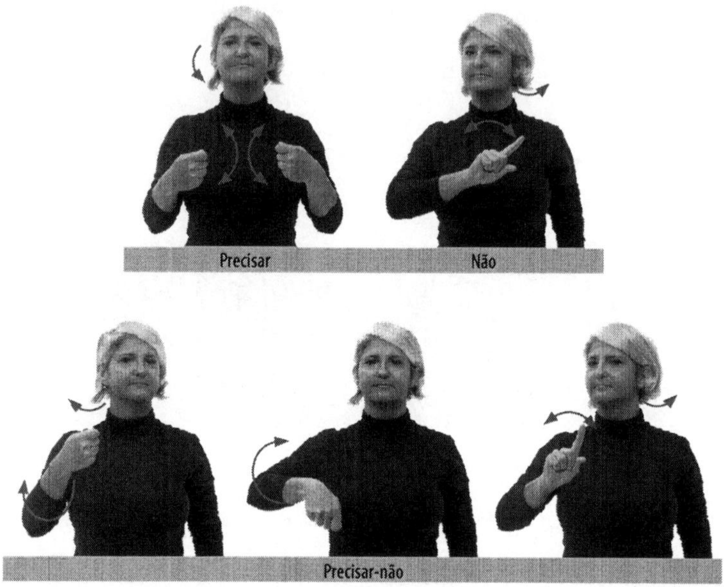

Fonte: Elaborado com base em Felipe; Monteiro, 2007.

Existe também a derivação de sinais que transformam o substantivo em verbo. De acordo com Quadros, Pizzio e Rezende (2009, p. 32), a derivação "trata da criação de uma palavra (falada ou sinalizada) a partir de outra. Resulta na mudança do significado lexical ou na categoria lexical". Segundo Quadros e Karnopp (2004), a derivação dos nomes de verbos ocorre pela mudança no tipo de movimento, isto é, quando produzimos o substantivo, o movimento é curto e repetido rapidamente, enquanto quando produzimos o verbo, o movimento é longo e repetido lentamente, como mostram os exemplos da Figura 3.10.

Figura 3.10 – Exemplos de verbos na Libras que diferem dos substantivos por meio do movimento

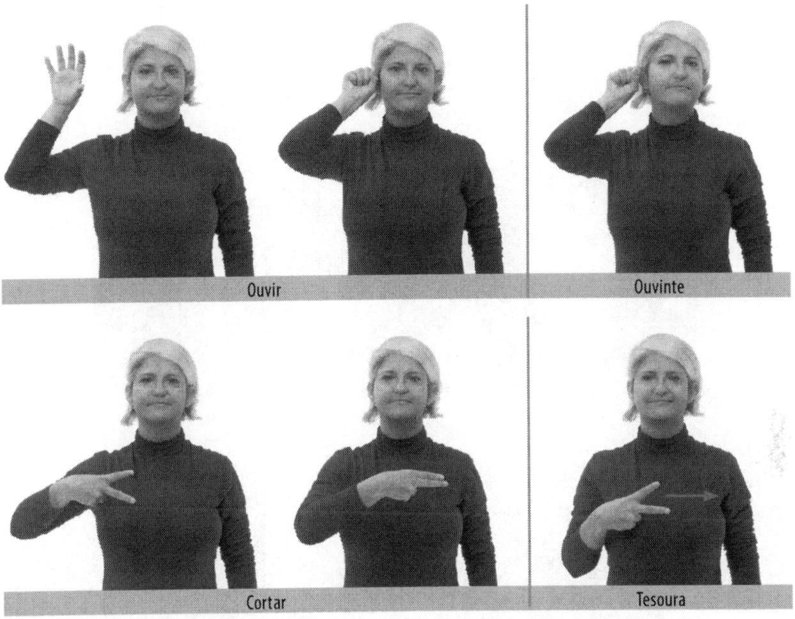

Além da derivação, há também o processo de composição, uma forma de criar novos sinais que ocorre quando as duas bases preexistentes na língua se juntam, formando um novo vocábulo composto (Rocha, citado por Quadros; Karnopp, 2004). São exemplos de composição na língua portuguesa: hidrelétrico (hidro + elétrico) e aguardente (água + ardente). Na Libras, podemos citar: igreja (casa + cruz) e avó (mulher + velha), conforme ilustram as imagens na Figura 3.11, a seguir.

Figura 3.11 – Exemplos de composição na Libras

De acordo com Quadros e Karnopp (2004, p. 87), na Libras, os sinais também pertencem a "categorias lexicais ou a classes de palavras tais como nome, verbo, adjetivo, advérbio", além de substantivo, entre outras. Conforme as autoras, "As línguas de sinais têm um léxico e um sistema de criação de novos sinais em que as unidades mínimas com significado (morfemas) são combinadas" (Quadros; Karnopp 2004, p. 87). As palavras complexas na língua portuguesa são formadas pela adição de um prefixo ou sufixo a uma raiz, ao passo que os sinais são formados de processos não concatenativos, nos quais uma raiz é enriquecida com vários movimentos e contornos no espaço de sinalização (Quadros; Karnopp, 2004).

Segundo Brito (1995, p. 42), "a modificação na duração e extensão do movimento de alguns sinais pode acrescentar a ideia de grau e os verbos multidirecionais apresentam flexão para pessoa e número através da direção do movimento". Lembramos que a estrutura da Libras possui algumas propriedades específicas não encontradas na língua portuguesa, como, por exemplo, a forma do sinal para especificar número e quantificação. Segundo Brito (1995, p. 42), a Libras

> manifesta o número através dos valores singular, dual e plural. Nos substantivos, a ideia do valor dual é expressa pela repetição do sinal e pela anteposição ou posposição do número DOIS, ou por um movimento semicircular orientado para os dois referentes. A pluralidade é obtida pela repetição do sinal três ou mais vezes, pela anteposição ou posposição de sinais indicativos dos números, ou através do movimento semicircular que deverá abranger as pessoas ou os objetos em questão. Muitas vezes, a ideia de plural é expressa pospondo-se o sinal MUITO. Este mecanismo de mudança de um ou mais parâmetros evidencia a exploração do espaço, através da simultaneidade, para a inclusão de informações gramaticais no item lexical. Para marcar a quantificação, o mesmo processo é utilizado.

As imagens a seguir mostram exemplos de sinais que representam o valor dual.

Figura 3.12 – Exemplos de sinais usando o valor dual

Figura 3.13 – Exemplos de quantificação em Libras para especificar uma quantidade maior

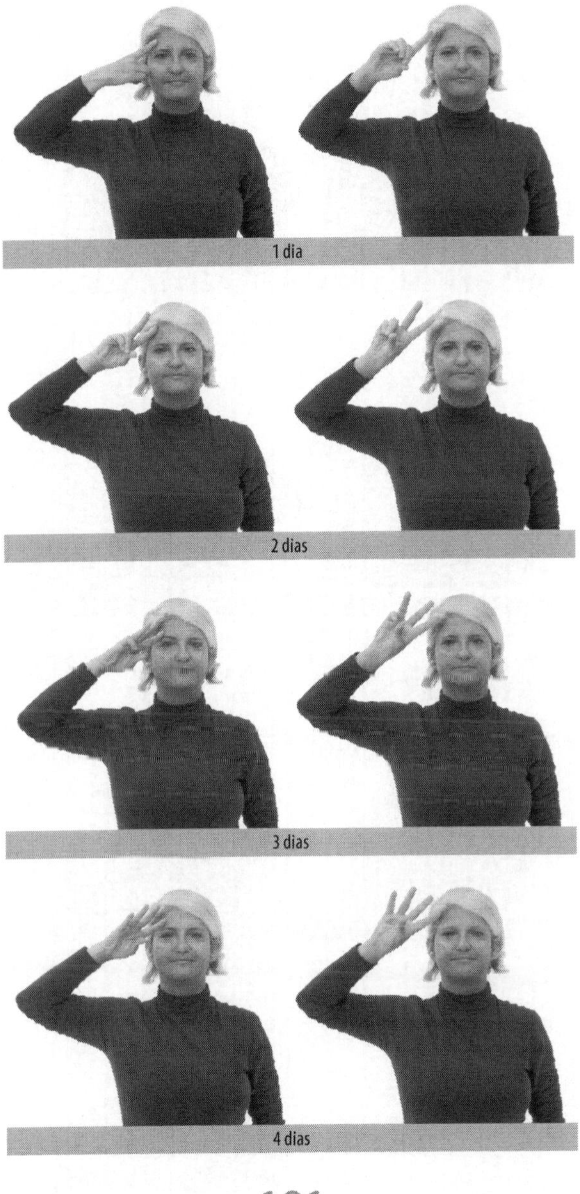

Quadro 3.3 – Exemplos de quantificação em Libras para especificar uma maior intensidade

Demorar

Demorar muito

Bonit@

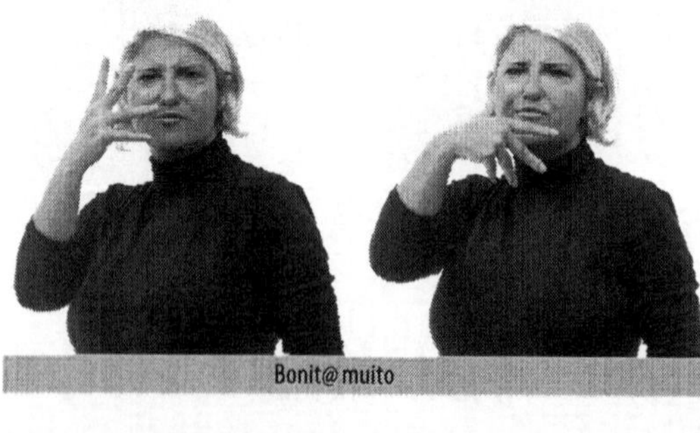

Bonit@ muito

3.4 Semântica

De acordo com Quadros e Karnopp (2004, p. 21), a semântica "é o estudo do significado da palavra e da sentença". Uma descrição semântica pode ser expressa em diferentes níveis linguísticos: morfológico, lexical, sintático, entre outros. Em português e na Libras, alguns aspectos semânticos quanto ao significado das palavras são sinonímia, antonímia, homonímia, paronímia e polissemia.

A seguir, apresentamos a definição de cada um desses aspectos em ambas as línguas, a língua portuguesa e a Libras, acompanhados de exemplos para uma melhor compreensão e comparação entre elas.

- **Sinonímia**: Relação semântica estabelecida entre duas ou mais palavras/sinais que apresentam o mesmo significado. Por exemplo, na língua portuguesa, *carro* e *automóvel* têm significados muito parecidos. O mesmo se observa em *moradia* e *residência*, *delicioso* e *saboroso* etc. Na Libras, há dois sinais para o significado de *gostar*, como mostra a Figura 3.14 a seguir.

Figura 3.14 – Representação dos diferentes sinais para *gostar*

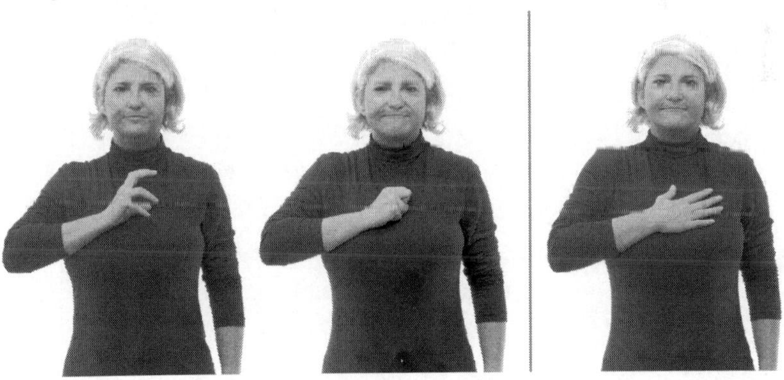

- **Antonímia**: Relação semântica entre palavras/sinais que apresentam significação oposta. Por exemplo, antônimos são *acender/apagar*, *abrir/fechar* e *amar/odiar*. A Figura 3.15 mostra um exemplo dos sinais para os antônimos *antes* e *depois*.

Figura 3.15 – Exemplo de antonímia na Libras

- **Homonímia**: Relação semântica entre palavras com sentidos e origens diferentes, mas que são escritas e pronunciadas da mesma maneira, ou seja, têm a mesma estrutura fonológica, com significados diferentes. No caso da Libras, homônimos apresentam articulação dos parâmetros dessa mesma maneira, mas expressam diferentes significados.

  Por exemplo, na língua portuguesa são homônimos: *acento* (sinal gráfico) e *assento* (local onde se senta); *cerrar* (fechar) e *serrar* (cortar); *cheque* (folha de pagamento) e *xeque* (jogo de xadrez). Na Libras, são homônimos os sinais de *laranja* e *sábado*; *dezembro* e *Natal*.

  A Figura 3.16 ilustra esses sinais homônimos em Libras.

Figura 3.16 – Exemplos de sinais homônimos na Libras

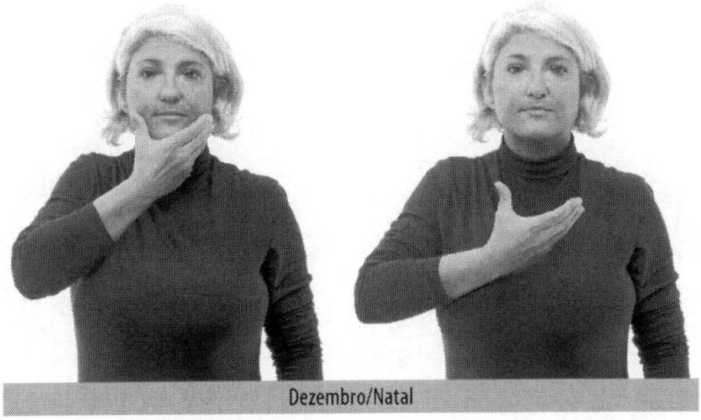

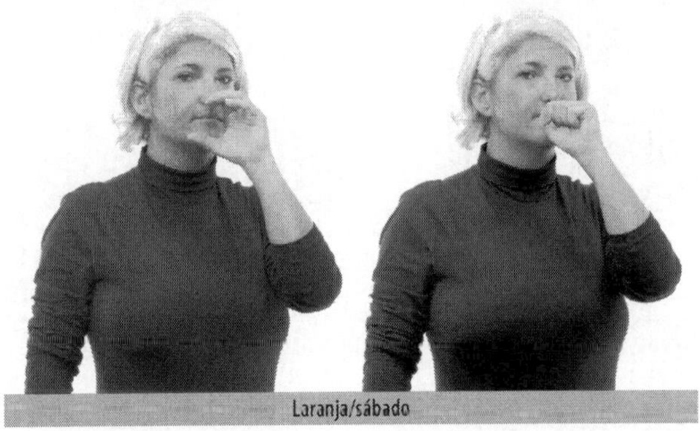

- **Paronímia**: Duas ou mais palavras/sinais que têm significados diferentes, mas pronúncia e escrita semelhantes. No caso da Libras, os parâmetros são, em sua maioria, idênticos aos da língua portuguesa, com exceção de um ou outro. Por exemplo, em português, exemplos de parônimos são: *comprimento* (medida) e *cumprimento* (saudação); *inflação* (alta dos preços) e *infração* (violação). Na Libras, citamos como exemplos *verde* e *roxo*; *mãe* e *perigoso*; *lembrar* e *segunda-feira*. Observe na Figura 3.17 esses exemplos.

Figura 3.17 – Exemplos de sinais parônimos na Libras

- **Polissemia**: Segundo McCleary e Viotti (2009, p. 47), "A polissemia se distingue, então, da homonímia, porque os diferentes signifi-cados de uma palavra polissêmica são todos bastante relacionados, histórica e conceitualmente". De acordo com os autores, as expressões polissêmicas "têm uma única fonte lexical e são resultados de processos de extensão de significados" (McCleary; Viotti, 2009, p. 46).

Segundo Martins e Bidarra (2011, p. 138), a polissemia em Libras "não é algo trivial, portanto distingui-la não é fácil quanto parece, por que não basta uma palavra ter os mesmos parâmetros, o conjunto de expressões e movimentos deve ser considerado em diferentes contextos".

Conforme apresentado em diversos contextos por McCleary e Viotti (2009), um exemplo de palavra polissêmica na língua portuguesa é *banco*, isto é, ela pode ter sentidos um pouco diferentes, mas todos relacionados entre si. Por exemplo: a) "Colocaram uma bomba no **banco** ao lado da casa da Maria."; b) "Este **banco** foi fundado em 1890." (McCleary; Viotti, 2009, p. 46, grifo do original).

3.5 Sintaxe

A sintaxe é a área da linguística responsável por estudar a relação quc as palavras estabelecem entre si no interior das sentenças, isto é, ela se compromete com a estrutura das sentenças. De acordo com Quadros e Karnopp: "Os seres humanos são capazes de compreender e produzir um número infinito de sentenças que jamais foram produzidas em outro momento. Obviamente, não há uma lista de todas as sentenças possíveis à disposição de cada falante em uma determinada língua".

Nesse sentido, Quadros e Karnopp (2004) afirmam que a sintaxe permite a combinação de palavras, mas com um olhar sempre atento às restrições impostas por princípios (regras) que a determinam. Por exemplo, entre as sentenças a seguir, fica fácil identificar qual delas se enquadra nos princípios gramaticais estabelecidos pela língua portuguesa: a) "O menino caiu"; b) "Caiu menino o"; c) "O caiu menino".

Qualquer pessoa com domínio do português teria condições de julgar a gramaticalidade dessas sentenças, pois quaisquer utentes da língua portuguesa perceberiam a ausência de sentido nos exemplos (b) e (c), tendo em vista a ordem estrutural e gramatical em português: sujeito (S), verbo (V) e objeto (O) – estrutura conhecida por SVO.

Nas línguas de sinais, essa exigência em manter as sentenças estruturadas no formato SVO não acontece, pois, diferentemente do que ocorre nas línguas orais, as de sinais são organizadas no **espaço** e podem ser estruturas na ordem SOV, SVO ou VSO. Nesse sentido, para Quadros e Karnopp (2004, p. 127), "analisar alguns aspectos da sintaxe de uma língua de sinais requer 'enxergar' esse sistema que é visuoespacial e não oral-auditivo".

A maneira como a língua de sinais se organiza, ou seja, utilizando-se do espaço, permite-nos pensar diferentes possibilidades de combinações lexicais, estabelecendo relações gramaticais. Para que tais relações ocorram, a utilização do sistema pronominal por meio do uso de referentes, ou seja, a demarcação de seres ou objetos em determinados pontos no espaço é de suma importância, pois "qualquer referência usada no discurso requer o estabelecimento de um local de sinalização (espaço definido na frente do corpo do sinalizador), observando várias restrições." (Quadros; Karnopp, 2004, p. 127).

Na Libras, assim como nas demais línguas de sinais, os sinalizantes estabelecem uma relação com os referentes do discurso, que podem, por sua vez, estar ou não presentes no ato de enunciação. Uma vez demarcados os pontos específicos no espaço, tais referentes poderão ser retomados sempre que necessário no discurso. Sendo assim, "quando os referentes estão presentes, os pontos no espaço são estabelecidos baseados na posição real ocupada pelo referente, [...] quando os referentes estão ausentes da situação de enunciação, são estabelecidos pontos abstratos no espaço." (Quadros; Karnopp, 2004, p. 130-131).

Segundo Baker e Cokely (1980, p. 227) e Loew, citado por Quadros e Karnopp (2004, p. 127-130), o local de realização do sinal pode ser referido por meio de vários mecanismos espaciais, por exemplo:

- Fazer o sinal em um determinado local, de forma que tal sinal acompanhe o local estabelecido pelo referente.
- Direcionar a cabeça e o olhar (às vezes, o corpo também) em direção à localização em que o sinal foi executado.
- Utilizar apontamentos (com o dedo indicador) antes de um sinal referente específico.
- Usar um verbo direcionall (com concordância), incorporando os referentes previamente introduzidos no espaço.

Nesse sentido, no texto a seguir, você pode observar tais elementos. Primeiramente, o trecho será apresentado em língua portuguesa e, em seguida, em Libras. Com base nele, faremos alguns apontamentos com relação aos mecanismos citados pelos autores.

> Laura está muito feliz, pois mudou-se com seus pais para uma casa nova na cidade. O pai de Laura se chama João, e sua mãe se chama Maria. Ele é formado em química, e ela, em pedagogia.

Figura 3.18 – Exemplo do mesmo texto em Libras

(continua)

(Figura 3.18 – continuação)

(Figura 3.18 – conclusão)

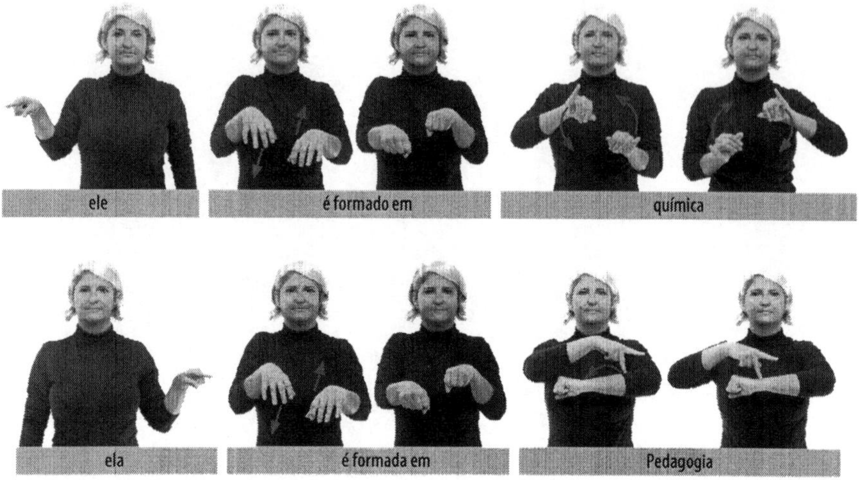

Observando o texto, é possível perceber diversos elementos gramaticais estruturais da Libras, mas, para o presente estudo, interessam-nos aqueles fundamentados na relação dada com os referentes do discurso. Em Libras, algumas estratégias precisam ser adotadas para tornar o discurso espacialmente mais organizado e, consequentemente, evidente para o interlocutor. Ao soletrar o nome de João, pai de Laura, a sinalizante teria de direcionar levemente o corpo e o olhar para a esquerda do leitor (conforme a indicação da seta), local escolhido por ela para referenciar a personagem do pai. Em seguida, ao soletrar o nome de Maria, mãe de Laura, a sinalizante direcionaria o corpo e o olhar para o lado oposto ao de João, ou seja, de acordo com o exemplo, ela se voltaria para a direita do leitor. Para mencionar a formação dos pais de Laura, a sinalizante retoma os referentes anteriormente estabelecidos no espaço por meio de apontamentos e direcionamento do tronco e olhos.

3.6 Pragmática

A pragmática estuda a linguagem em seu pleno uso, levando em conta o contexto e os princípios de comunicação. Para Fiorin (2013b, p. 181-182), a pragmática "estuda as condições que governam a utilização da linguagem", isso implica também o "estudo da relação entre a estrutura da linguagem e seu uso". Por conta disso, Quadros e Karnopp (2004, p. 22-23) e Kail (2013, p. 84-86) salientam que a pragmática inclui o estudo da dêixis (uso de elementos da linguagem por meio de demonstração/indicação, que envolve o uso de pronomes), das pressuposições (inferências e antecipações baseadas no que foi dito, admitindo-se informações não explícitas no enunciado), dos atos de fala (produções de enunciados em determinada situação de comunicação), das implicaturas (elementos/ideias que estão subentendidos nas entrelinhas do discurso), entre outros.

Considerando que toda e qualquer língua pode ser estudada pelo viés da pragmática, com as línguas de sinais não poderia ser diferente. Todavia, existem poucas pesquisas dedicando-se aos estudos pragmáticos da Libras e propondo-se a identificar as minúcias da língua, as situações comunicativas e seu funcionamento e os fatores que se colocam explícitos e/ou implícitos ao enunciado.

Nesse sentido, segundo Fiorin (2013b), os estudos pragmáticos das línguas são de suma importância e necessários, tendo em vista a existência de algumas palavras e frases que só podem ser compreendidas e interpretadas numa situação concreta de fala.

No texto sobre Laura, utilizado anteriormente, em que abordamos brevemente a sintaxe da Libras, podemos notar elementos da pragmática, como a utilização da dêixis e da implicatura. Quando lemos "Laura está muito feliz, pois mudou-se com seus pais para uma casa nova na cidade", no mínimo duas ideias ficam subentendidas: a primeira é que Laura, antes de se mudar com seus pais, não estava feliz; possivelmente, Laura morava no campo, zona rural, já que eles se mudaram para uma "casa nova *na cidade*". Já no trecho "O pai de Laura se chama João, e sua mãe se chama Maria. Ele é formado em química, e ela, em pedagogia.", torna-se necessária a utilização da dêixis para retomar os referentes (pai) e (mãe) ditos posteriormente como el@ (para representar os pronomes ele e ela).

Observe a seguir, na Figura 3.19, como seria a expressão desses referentes em Libras.

Figura 3.19 – Exemplo das representações dos referentes

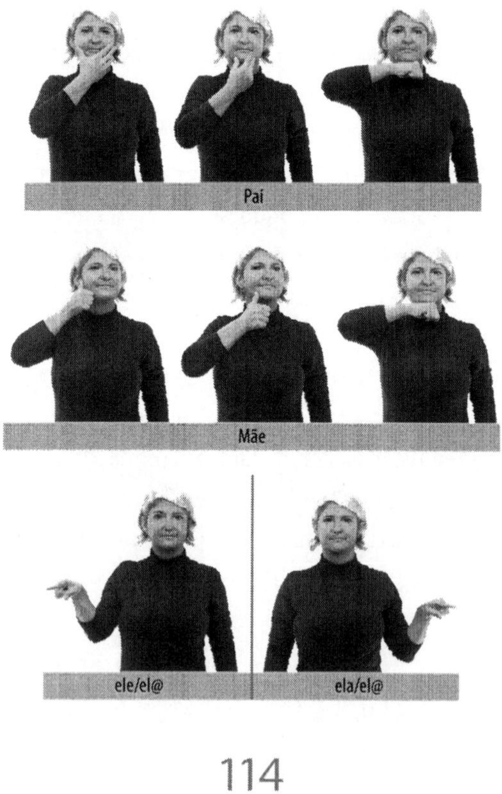

Síntese

A Libras foi oficialmente reconhecida como meio de comunicação e expressão através da Lei n. 10.436/2002. Trata-se de uma língua de modalidade visuoespacial, dotada de estrutura gramatical própria. Vale ressaltar que a Libras representa a língua brasileira de sinais, o que implica dizer que cada país tem a sua, desmistificando a ideia de universalidade entre as línguas de sinais.

A partir dos estudos realizados pelo linguista William Stokoe em 1960, que identificaram traços mínimos distintivos na língua de sinais americana, também conhecidos como parâmetros, a linguística passou a observar as línguas de sinais sob outro viés. Neste capítulo, estudamos os níveis linguísticos da Libras, a saber: fonológico, morfológico, sintático, semântico e pragmático. A seguir, apresentamos dois esquemas que sintetizam e elencam os principais conceitos expostos abordados.

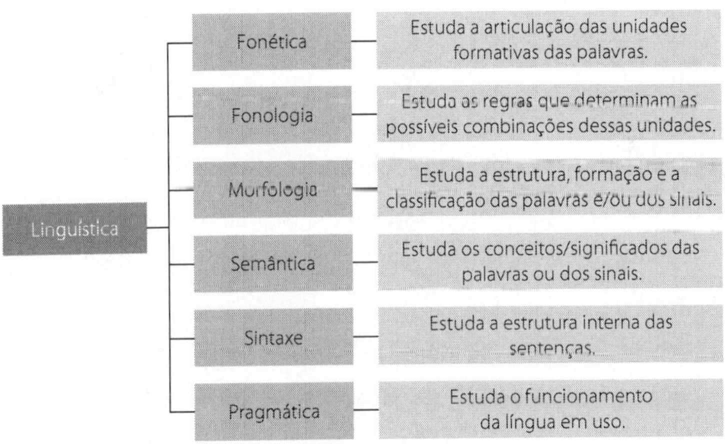

FONOLOGIA
- Configuração de mão (CM)
- Ponto de articulação (PA)
- Movimento (M)
- Orientação da mão (OM)
- Expressões não manuais (ENM)

MORFOLOGIA
- Monomorfêmicos
- Sinal composto (dois ou mais elementos)
- Combinação morfológica

SEMÂNTICA
- Sinonímia
- Antonímia
- Homonímia
- Paronímia
- Polissemia

SINTAXE
- Estrutura gramatical da língua portuguesa (SVO)
- Estrutura gramatical da libras (SVO/SOB/VSO)

PRAGMÁTICA
- Dêixis
- Pressuposições
- Situações comunicativas
- Implicaturas
- Atos de fala
- Estrutura e uso da linguagem

Indicações culturais

ESTRUTURA gramatical da Libras por Ronice Quadros. Disponível em: <https://www.youtube.com/watch?v=O66o7BvuYwA>. Acesso em: 6 fev. 2019.

Nesse vídeo, Ronice Quadros, pesquisadora de renome nos estudos das línguas de sinais, aborda as questões gramaticais relacionadas à Libras e apresenta, de maneira bastante objetiva, os aspectos fonológicos, morfológicos e sintáticos dessa língua.

GRAMÁTICA de Libras. Disponível em: <https://www.youtube.com/watch?v=3Qp9v1WYa5c>. Acesso em: 6 fev. 2019.

Esse vídeo, elaborado pelo Instituto Nacional de Educação de Surdos (Ines), traz alguns esclarecimentos sobre dúvidas frequentes com relação à Libras e sua gramática. Ele apresenta um breve histórico contextualizando essa língua do surgimento até o seu reconhecimento oficial, por meio da Lei n. 10.436/2002.

Atividades de autoavaliação

1. Observe as imagens e, em seguida, responda à pergunta:

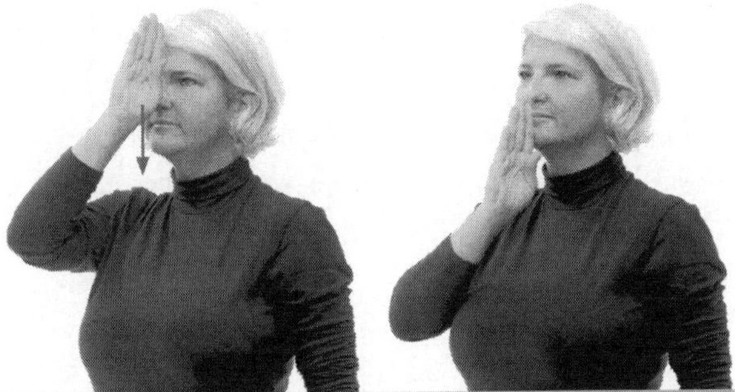

Grátis

Amarelo

Qual(is) parâmetro(s) se diferencia(m) na reprodução das palavras *grátis* e *amarelo*?

a. Movimento.

b. Localização.

c. Movimento e configuração de mão.

d. Configuração de mão.

2. Analise as afirmativas a seguir e indique (V) para as verdadeiras e (F) para as falsas:

( ) A língua de sinais é universal.

( ) Todos os sinais são exclusivamente icônicos.

( ) A língua de sinais permite expressar conceitos abstratos e complexos.

( ) A língua de sinais não tem gramática.

Agora, assinale a alternativa que corresponde à sequência correta:

a. V, F, V, V.
b. F, F, V, F.
c. V, F, F, V.
d. V, F, V, F.

3. Assinale a alternativa correta em relação à paronímia:

a. Trata-se de um parâmetro complexo que pode envolver uma vasta rede de formas e direções, desde os movimentos internos da mão, os movimentos do pulso, os movimentos direcionais no espaço, até conjuntos de movimentos no mesmo sinal.
b. É a relação semântica entre sinais com significação semelhantes.
c. Refere-se a duas ou mais palavras/sinais com significados diferentes, mas parecidas na pronúncia e escrita.
d. Diz respeito a uma propriedade de um mesmo sinal apresentar vários sentidos e significados.

4. A Libras tem sua estrutura gramatical organizada a partir de alguns parâmetros, dentre eles a configuração de mãos. Observe a figura a seguir e selecione a alternativa em que todos os sinais apresentam a configuração de mão representada a seguir:

Configuração de mão em *D*

a. Cavalo, dia, perguntar.
b. Domingo, sábado, deficiente.
c. Dia, todo dia, domingo.
d. Sábado, direito, surdo.

5. Qual das alternativas a seguir corresponde aos parâmetros da Libras?
   a. Paronímia, antonímia, homonímia, polissemia.
   b. Regionalismo, polissemia, movimento.
   c. Configuração de mão, movimento, localização, orientação de mão, expressões não manuais.
   d. Sintaxe, semântica, pragmática, regionalismo.

Atividades de aprendizagem

Questões para reflexão

1. Após a leitura do capítulo, você deve ter notado que a Libras, assim como qualquer outra língua, tem suas especificidades e está intimamente relacionada aos fatores culturais das comunidades surdas. Analisando a realidade dos usuários da Libras e relacionando-a aos conhecimentos adquiridos, observe os sinais referentes à palavra *goiaba*, a seguir, e reflita: Algum desses sinais está correto? Por quê?

Goiaba (São Paulo) | Goiaba (Mato Grosso do Sul)

2. Sobre a questão do regionalismo nas línguas e a especificidade da Libras, elabore uma pequena justificativa para a diferença entre os sinais apresentados na atividade anterior.

Atividade aplicada: prática

1. Visando a uma integração entre conhecimentos teóricos e práticos, faça uma visita em instituições que comportem pessoas surdas, com a intenção de observar as diferentes expressões faciais e corporais fundamentais para a comunicação e compreensão em Libras. A partir dessa observação, com base na leitura deste capítulo, registre por escrito (como em um diário de bordo) a sua percepção do impacto desse encontro e aprendizado.

capítulo
quatro

Estrutura da Libras e expressão de conceitos

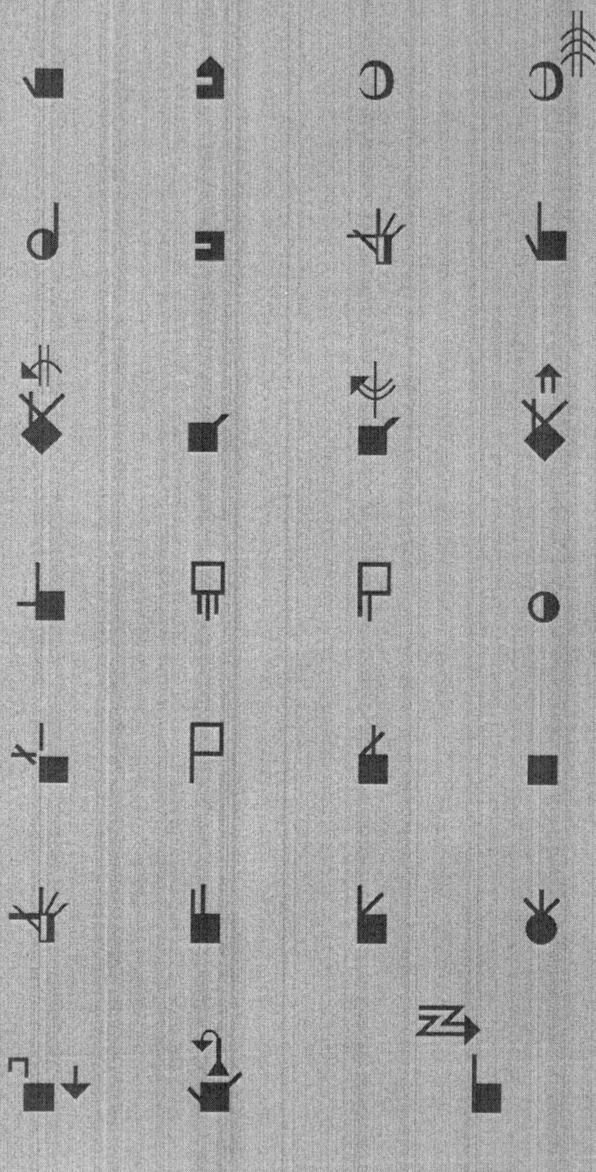

Vinícius Nascimento
Rimar Ramalho Segala

Mas a língua, como desempenho de toda linguagem,
não é nem reacionária nem progressista;
ela é simplesmente: fascista; pois o fascismo não é
impedir de dizer, é obrigar a dizer.
Roland Barthes

Neste capítulo, discutimos como acontece a expressão de conceitos na língua brasileira de sinais (Libras) a partir da explicação de alguns elementos gramaticais dessa língua. Primeiramente, abordamos o que significa expressar conceitos em uma perspectiva linguística e sociocultural e, na sequência, apresentamos alguns elementos estruturais da Libras no processo de demonstração de emoções, descrições e metáforas. Esperamos que, ao final deste capítulo, você tenha compreendido o funcionamento linguístico-discursivo da Libras para a construção e a expressão de conceitos cotidianos.

4.1 Para começar: o que significa expressar conceitos em/por uma língua?

Todas as comunidades humanas partilham de um sistema semiótico comum para se comunicarem. Sem um sistema em comum, a comunicação ficaria bastante comprometida, já que cada um poderia falar por meio de um sistema de signos individuais compreensíveis apenas àquele que pretende expressar uma ideia, um conceito. A partilha de um sistema comum só é possível porque a linguagem, capacidade de estabelecer interações com o mundo, os outros e nós mesmos, confere-nos a condição de humanidade e, especificamente, torna-nos aptos a perceber o mundo e a realidade que nos circunda. Se a realidade é construída socialmente e, por isso, partilhada, logo, a partilha só é possível por um terreno comum de simbolização: a língua (Berger; Luckmann, 2009).

Segundo o linguista José Luiz Fiorin (2013a), a aptidão para a linguagem é um traço genético. Todavia, sua realização passa por um aprendizado, que arbitra no domínio da cultura e nas relações entre humanos organizados socialmente. A história nos mostra que crianças retiradas de uma sociedade humana e colocadas para conviver em contato com animais, independentemente de seu porte ou natureza, não desenvolvem seu traço genético para a linguagem. Um exemplo disso é o menino de Aveyron, que foi encontrado no século XVI perto de um bosque na França. Além de fisicamente se comportar de modo semelhante a um animal, o menino não compreendia e nem expressava qualquer tipo de comunicação com a comunidade que o encontrou na época (Moura, 2000).

Por isso, a interação com o outro, no âmbito de uma comunidade organizada socialmente, possibilita o desenvolvimento da linguagem, mais especificamente pela aquisição de um sistema partilhado de signos. Esse sistema partilhado, denominado *língua*, possibilita a comunicação em uma comunidade específica. Sem ela, a comunicação, ficaria, de fato, comprometida. É só por meio da aquisição de um sistema simbólico partilhado que podemos construir e expressar conceitos. E é sobre isso que este capítulo tratará: a expressão de conceitos em Libras.

Fiorin (2013a, p. 17) acentua que a linguagem é uma atividade simbólica, o que significa que, por meio das palavras, nós, humanos, criamos conceitos, ordenamos a realidade e categorizamos o mundo:

> Por exemplo, criamos o conceito de nascer do sol. Sabemos que, do ponto de vista científico, não existe nascer do sol, uma vez que é a Terra que gira em torno do sol. Contudo, esse conceito, criado pela linguagem, determina uma realidade que nos encanta a todos. Apagar o que foi escrito no computador é visto como uma atividade diferente de apagar o que foi escrito a lápis. Por isso, cria-se uma nova palavra para denominar essa nova realidade, *deletar*, que é considerada diferente de *apagar*. Afinal, o instrumento desta ação é uma borracha, enquanto se deleta, com um clique, um texto selecionado. No entanto, se esses vocábulos distintos não existissem, não perceberíamos a atividade de escrever no computador como uma ação diferente daquela de escrever à máquina. Uma nova realidade, uma nova invenção, uma nova ideia exigem novas palavras, e são os novos termos que lhes conferem existência para toda uma comunidade de falantes.

Lev Vygotsky (1896-1934), pensador russo que pesquisou o desenvolvimento das funções psicológicas superiores, salientou que é pela linguagem que o pensamento se forma. Em sua obra *A formação social da mente,* o autor declara que "Signos e palavras constituem para as crianças, primeiro, acima de tudo, um meio de contato social com outras pessoas. As funções cognitivas e comunicativas da linguagem tornam-se, então, a base de uma forma nova e superior de atividade das crianças, distinguindo-as dos animais" (Vygotsky, 2007, p. 18).

Em outra importante obra, *Pensamento e linguagem*, o autor discute o processo de formação de conceitos na criança e no adolescente e afirma:

> Todas as funções psíquicas superiores são processos mediados, e os signos constituem o meio básico para dominá-las e dirigi-las. O signo incorporado à sua estrutura como uma parte indispensável, na verdade a parte central do processo como um todo. Na formação de conceitos, esse signo é a *palavra,* que em princípio tem o papel de meio na formação de um conceito e, posteriormente, torna-se seu símbolo.
>
> [...]
>
> A formação de conceitos é o resultado de uma atividade complexa, em que todas as funções intelectuais básicas tomam parte. No entanto, o processo não pode ser reduzido à associação, à tenção, à formação de imagens, à interferência ou às tendências determinantes. Todas são indispensáveis, porém insuficientes sem o uso do signo,

> ou palavra, como o meio pelo qual conduzimos as nossas operações mentais, controlamos o seu curso e as canalizamos em direção à solução do problema que enfrentamos. (Vygotsky, 2008, p. 70-73).

Para o pesquisador russo, o pensamento só pode ser constituído por meio de signos, os quais são os responsáveis pela formação dos conceitos. Contudo, sem uma comunidade humana, sem a relação cultural e social estabelecida entre sujeitos, os signos não podem existir e, portanto, os conceitos não podem ser construídos. Marta Khol de Oliveira (1992, p. 28), estudiosa do pensamento vygotskyano, salienta:

> Os conceitos são construções culturais, internalizadas pelos indivíduos ao longo do seu processo de desenvolvimento. Os atributos necessários e suficientes para definir um conceito são estabelecidos por características dos elementos encontrados no mundo real, selecionados como relevantes pelos diversos grupos culturais. É o grupo cultural onde o indivíduo se desenvolve que vai lhe fornecer, pois, o universo de significados ordena o real em categorias (conceitos), nomeados por palavras da língua desse grupo.

No que tange à materialidade do sistema simbólico verbal para a formação de conceitos, encontramos na linguística moderna discussões interessantes que podem nos ajudar a compreender como a partilha da linguagem verbal constitui a nossa subjetividade e, por consequência, faz-nos construir, diariamente, novos conceitos.

O linguista pós-saussureano Émile Benveniste (1902-1976) discorreu sobre como é possível um sujeito estabelecer comunicação usando a língua e, por consequência (algo que não foi trabalhado, especificamente, pelo autor), expressar conceitos. Ao discutir a enunciação como o produto da apropriação da língua pelo falante, isto é, "colocar em funcionamento a língua por ato individual de utilização" (Benveniste, 1989, p. 82), esse linguista acentuou a importância de que, para enunciar, faz-se necessário, sim, conforme defendia Ferdinand de Saussure, um sistema semiótico convencionado socialmente.

Todavia, a língua, enquanto um dos diversos sistemas semióticos possíveis de expressão, é o único dotado do que o autor chama de ***dupla significância***, ou seja, o fato de as línguas apresentarem, ao mesmo tempo, duas dimensões indissociáveis de produção de sentidos. Ele se refere à dimensão semiótica, engendrada pelo sistema da língua, e à dimensão semântica, movida pelo discurso, pela língua em uso.

Nas palavras de Benveniste (1989, p. 64), "Ela [a língua] é investida de uma dupla significância. Trata-se propriamente de um modelo sem analogia. A língua combina dois modos distintos de significância, que denominamos modo semiótico por um lado, e modo semântico, por outro".

Por meio desses dois níveis articulados, a língua se constitui como um terreno comum, partilhado, de construção de conhecimento, percepção da realidade, compartilhamento de ideias e expressão, legítima de uma determinada comunidade. Nesse sentido, ao expressarmos um conceito, pela língua, arbitramos nessas duas dimensões: a do sistema comum partilhado (semiótico) e a do semântico (sentido/significado).

Entretanto, se observarmos essa relação por outra perspectiva, veremos, *a priori*, que a relação entre semiose e semântica não é dada, e sim estabelecida na relação imanente da língua; o sistema não pode atribuir sentido a si mesmo se não for mobilizado por sujeitos, isto é, pelos falantes. O próprio Ferdinand de Saussure (2012), chamado de "pai" do estruturalismo linguístico, salientou que não existe nada na língua que não tenha passado pela fala.

Nessa discussão, se inserirmos o contexto, ou melhor, se inserirmos essa relação em contextos, perceberemos que a dimensão semântica, de produção de sentidos e significados, dependerá do lugar em que o signo é produzido, de quem está produzindo e, imprescindivelmente, do momento sócio-histórico de produção. A leitura dessa relação, por esse viés, pode ser encontrada no conjunto de trabalhos elaborados pelo Círculo de Bakhtin, um grupo de intelectuais russos que discutiram, no início do século XX, entre diversas outras manifestações humanas, a linguagem e a língua.

Para Bakhtin e Volochínov (2009, p. 109), por exemplo, "o sentido da palavra é totalmente determinado por seu contexto". Os autores afirmaram, ainda: "de fato, há tantas significações possíveis quanto contextos possíveis". Por essa razão, até mesmo os conceitos que nos parecem cristalizados, estáticos e reproduzíveis dependem de quatro perguntas básicas: Quem? Quando? Onde? O quê?

Entretanto, mesmo com a produção linguística atrelada a determinados contextos, sujeitos e histórias, a expressão de conceitos só é possível porque nossa capacidade humana de linguagem é desenvolvida nas e pelas relações com os outros, além de nos permitir nos posicionarmos como sujeitos, a partir de um sistema semiótico partilhado com determinada comunidade discursiva.

4.2 Expressão de conceitos em Libras: dimensões emotiva, metafórica e descritiva

Como já compreendemos como se constitui o processo de elaboração, construção e expressão de conceitos pela língua, a seguir, aprofundamo-nos na especificidade da Libras na qualidade de sistema semiótico verbal partilhado por uma determinada comunidade: os surdos.

O primeiro aspecto a ser observado é a modalidade linguística dessa língua (conforme abordado no Capítulo 2). Segundo Quadros e Karnopp (2004), as línguas de sinais constituem-se como sistemas linguísticos gesto-visuais que têm como principais articuladores as mãos (de acordo com o que estudamos no Capítulo 3).

Leite (2008a) salienta que as pesquisas linguísticas realizadas no nível fonológico, na década de 1960, por William Stokoe, nos Estados Unidos, mostraram que a modalidade linguística é extremamente determinante para os usos das línguas de sinais. Isto se atribui ao fato de que "a modalidade oral-auditiva impõe uma linearidade sobre a cadeia de fala, os sons obrigatoriamente, tendo que suceder uns aos outros ao longo do tempo, diferente do que ocorria na composição gesto e espaço" (Leite, 2008a, p. 22). A modalidade gesto-visual é importante no processo de construção de conceitos, porque o espaço é a base – o *locus* enunciativo – para se descrever, narrar e citar nos âmbitos emocional, racional, literal, concreto ou abstrato.

Você já deve ter observado surdos papeando em rodas de conversas, *shopping centers*, ônibus, escolas etc. e reparou quão expressiva é a comunicação estabelecida entre eles. Há quem diga que as gestualidades constitutivas das línguas de sinais, visíveis a todos os que observam falantes dessa língua em interação, não podem ser mapeadas e/ou identificadas como sistemas linguísticos, com base na pressuposição saussuriana – de que, para ser língua, a materialidade deve ser constituída de oralidade, e não de gesto.

Todavia, Sacks (2008), neurologista, pesquisador e escritor, na obra clássica sobre o universo da língua de sinais, *Vendo vozes*, fez um teste interessante com alguém que afirmava, categoricamente, que a língua dos surdos é um sistema gestual mímico, pantomímico e sem estatuto linguístico. O autor pediu ao sujeito que tinha essa opinião que observasse dois surdos conversando na língua de sinais americana (ASL) e tentasse "traduzir" o que diziam. Com isso, pretendia demonstrar que se os surdos usavam "mímicas", a compreensão seria fácil por qualquer um que as observasse. Corajosamente, o sujeito que negava a condição linguística da língua de sinais aceitou o desafio e tentou, obviamente sem sucesso, traduzir o que os surdos que ele observava produziam em uma situação de interação.

Os falantes dessa língua, surdos ou ouvintes, fazem uso do que os estudos linguísticos das línguas de sinais chamam de *expressões não manuais* (ENMs), os quais correspondem às expressões faciais e corporais presentes durante a sinalização e que funcionam nos âmbitos linguístico (fazem parte do sistema da língua), enunciativo (sem eles, não é possível enunciar-se, ou seja, falar de si, dos outros, para si e para os outros) e discursivo (estão presentes em todas as dimensões de comunicação constituintes da língua, marcando, entre outros fatores, elementos comuns dos atos de fala na Libras).

As ENMs são consideradas unidades fonológicas que, se amputadas da unidade lexical e dos enunciados nessa língua, não fazem sentido. No entanto, elas mesmas, muitas vezes, sem estar atreladas a um sinal específico, constituem unidades concretas enunciativas em Libras. Foram identificadas como um elemento fonológico pelo pesquisador americano Scott Liddell, em 1978. O autor observou que o movimento de cabeça e algumas expressões faciais possuíam papel gramatical durante a produção enunciativa em língua de sinais. Depois dos estudos do Liddell, as ENMs foram inseridas como componentes dos parâmetros fonológicos das línguas de sinais.

Tais elementos possuem, segundo pesquisas linguísticas realizadas até o presente momento, dupla função na comunicação: afetiva e gramatical. Caso amputemos essa dimensão linguístico-discursiva de um enunciado produzido em Libras, por exemplo, o sentido daquilo que pretendemos dizer pode não ser compreendido. Discutiremos mais adiante como essas duas funções articulam e constituem a produção de conceitos em Libras.

4.2.1 Funções afetiva, emotiva e sentimental das ENMs

As ENMs funcionam para expressar emoções e afeições na comunicação entre falantes de Libras, do mesmo modo que a entonação vocal, grosso modo, chamada de prosódia pela linguística funciona nas línguas orais. Em português brasileiro, por exemplo, uma pessoa apaixonada pode emitir uma onomatopeia acompanhada por um prolongamento vocal ascendente sem a presença de uma palavra (como "ahh") ou associada a uma ou mais palavras ("El@ é tão lind@").

Porém, a expressão de emoções, sentimentos e afeições por falantes do português brasileiro não acontece apenas com o uso da prosódia vocal, mas está associada, na maioria das vezes, com expressões faciais e gestos. Os estudos da linguagem, especialmente os da análise da conversação[1], das diferentes correntes da análise do discurso[2] e da semiótica[3], vêm mapeando, cada campo em sua especificidade epistêmica, esses elementos como componentes extraverbais, mas que juntos com o enunciado linguístico produzem unidade de sentido.

Em Libras, esses recursos são de caráter linguístico sistêmico e verbal, e apenas o uso das ENMs pode constituir um enunciado linguístico. Os estudos linguísticos das línguas de sinais vêm apontando as ENMs como marcadores prosódicos. Segundo Leite (2008a), os agrupamentos prosódicos nas línguas de sinais são marcados pelas expressões compostas pelo olhar, por piscadas e, além disso, por sinais manuais. O autor salienta, também, que outro recurso de línguas dessas modalidades que pode ser relacionado à delimitação de agrupamentos prosódicos é a inclinação do corpo, que envolve o tronco como um todo ou apenas os ombros.

O uso de uma ENM facial, a depender do contexto de produção e de quem sinaliza, expressa emoções, feições e sentimentos diretos atrelados ou não a determinadas unidades lexicais, chamadas, na Libras, de *sinais*. Um exemplo disso são os sinais correspondentes aos sentimentos e estados emocionais dos falantes, como mostrados na Figura 4.1, e que são marcados e atrelados apenas a um léxico manual.

1 Para mais detalhes, ver: KERBRAT-ORECCHIONI, C. **Análise da conversação**: princípios e métodos. São Paulo: Parábola, 2006.

2 Para mais detalhes, ver: MAINGUENEAU, D.; CHARAUDEAU, P. **Dicionário de análise do discurso**. São Paulo: Contexto, 2004.

3 Para mais detalhes, ver: GREIMAS, A. J.; COURTÉS, J. **Dicionário de semiótica**. São Paulo: Contexto, 2011.

Figura 4.1 – ENMs em Libras

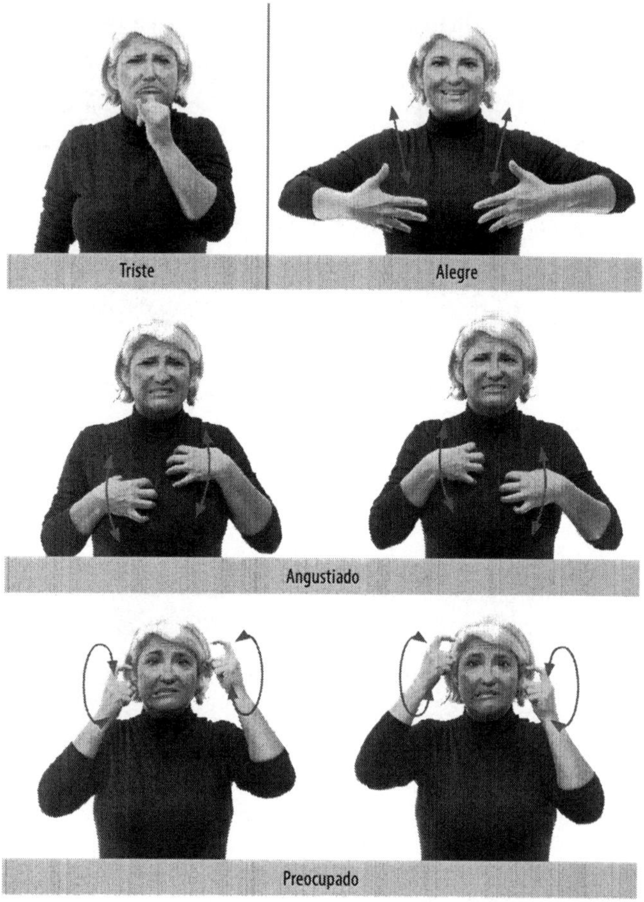

O caráter afetivo de um enunciado em Libras pode ser expresso para além de um sinal e, para retomar Bakhtin e Volochínov (2009), isso acontecerá a partir das situações concretas de interação, de quem são os sujeitos envolvidos e, sobretudo, do contexto sócio-histórico. No entanto, alguns sinais precisam estar atrelados ao uso dessas ENMs para a produção de sentidos durante a comunicação. Os exemplos citados na figura anterior mostram a condição emocional do sinalizante. Caso as ENMs não sejam empregadas, o sentido não será estabelecido apenas pela produção do sinal manual, pois os dois precisam ser produzidos simultaneamente.

4.2.2 Função gramatical das ENMs

As ENMs gramaticais são marcadas tanto pelas expressões faciais quanto pelas corporais e podem ser produzidas em diferentes intensidades, dependendo da intenção do enunciador. No entanto, a rotação da cabeça e o movimento do tronco, que caracterizam o uso de ENMs corporais, também podem marcar elementos gramaticais. As ENMs faciais são constituídas dos órgãos que compõem a face, as sobrancelhas, olhos, lábios e bochecha, e correspondem aos diferentes usos a partir deles. Podemos dividi-las em quatro tipos:

1. **Negativas**: Marcadas principalmente pelo balançar lateral da cabeça. No entanto, a negação pode ser atrelada ao abaixamento das sobrancelhas e estiramento das extremidades dos lábios ou, ainda, a um movimento de cabeça e do corpo para trás.

Figura 4.2 – ENMs negativas

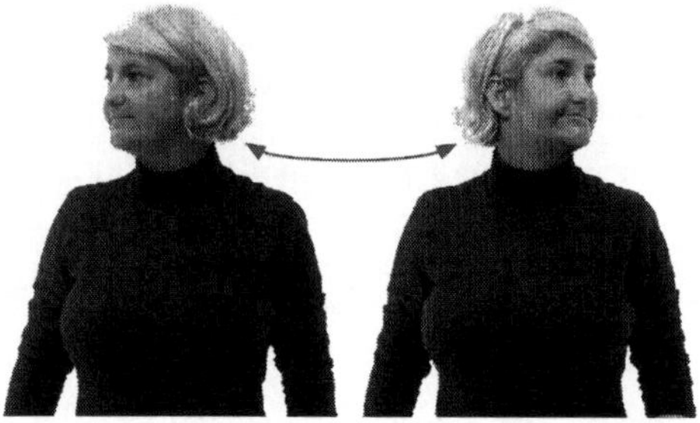

2. **Afirmativas**: Assim como as negativas, as ENMs afirmativas são marcadas pelo balançar da cabeça, mas dessa vez para cima e para baixo. Geralmente estão atreladas ao arqueamento das sobrancelhas e à abertura dos lábios, sempre dependendo da intenção do falante e do seu projeto discursivo. Certamente, existem outros modos de marcar afirmação em Libras, mas a forma mais usual é a de balançar a cabeça repetidamente.

Figura 4.3 – ENMs afirmativas

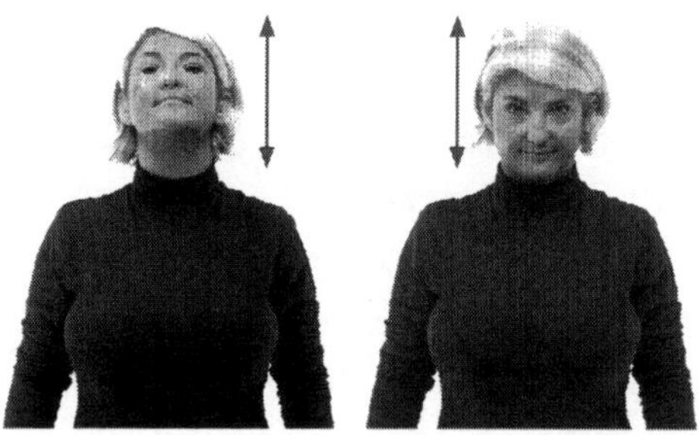

3. **Exclamativas**: Nas ENMs exclamativas, há maior intensidade no balançar da cabeça. Elas geralmente estão atreladas a um movimento único, bem como ao fechamento, arredondamento ou estiramento dos lábios. Observe os três exemplos a seguir.

Figura 4.4 – ENMs exclamativas

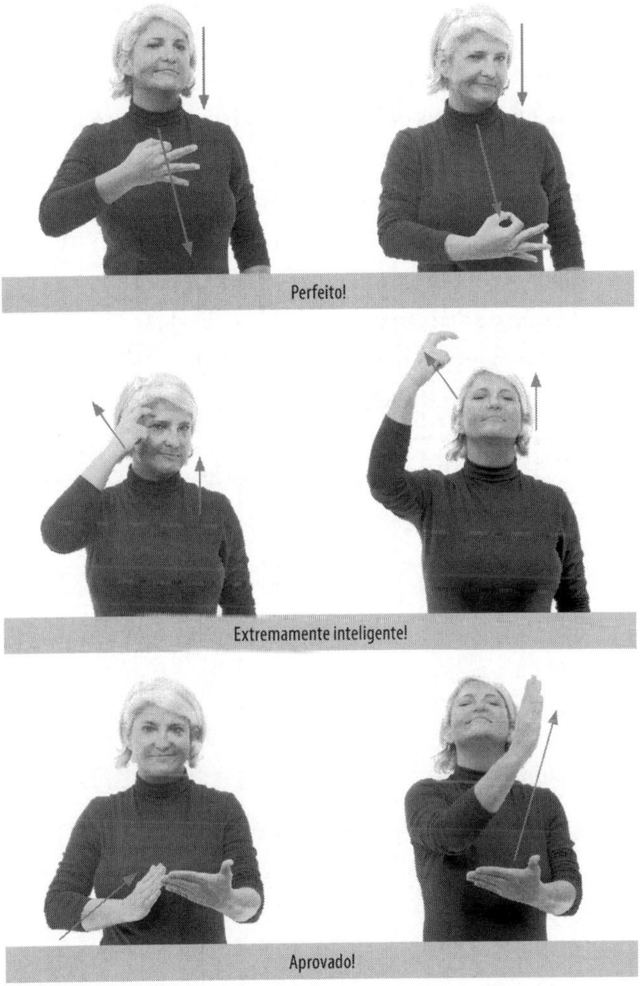

4. **Interrogativas**: No caso das ENMs interrogativas, a inclinação da cabeça para cima, o franzimento da testa, o abaixamento e o arqueamento das sobrancelhas e o estiramento, o encolhimento ou a abertura dos lábios têm papéis fundamentais. Na Libras, há, ainda, o uso de elementos retóricos em diferentes gêneros do discurso, marcados geralmente pelo movimento das sobrancelhas e dos lábios atrelados a alguns sinais específicos.

Alguns sinais são muito usados como marcadores retóricos, por exemplo: o-que, quem, pra-que, como, por-que, onde. Esses mesmos sinais podem funcionar, também, como marcadores interrogativos, somados aos advérbios temporais de *quando-futuro* e *quando-passado*, aí sim usados em uma situação de diálogo que "exija" uma resposta do interlocutor envolvido no processo de interação em Libras.

Acompanhe a seguir os sinais utilizados como marcadores retóricos e interrogativos. No caso de *quem* e *o-que*, perceba que o sinal manual é o mesmo, mas a diferença está, justamente, na ENM facial, especificamente no arredondamento dos lábios para *o-que* e abertura para *quem*.

Figura 4.5 – ENMs interrogativas

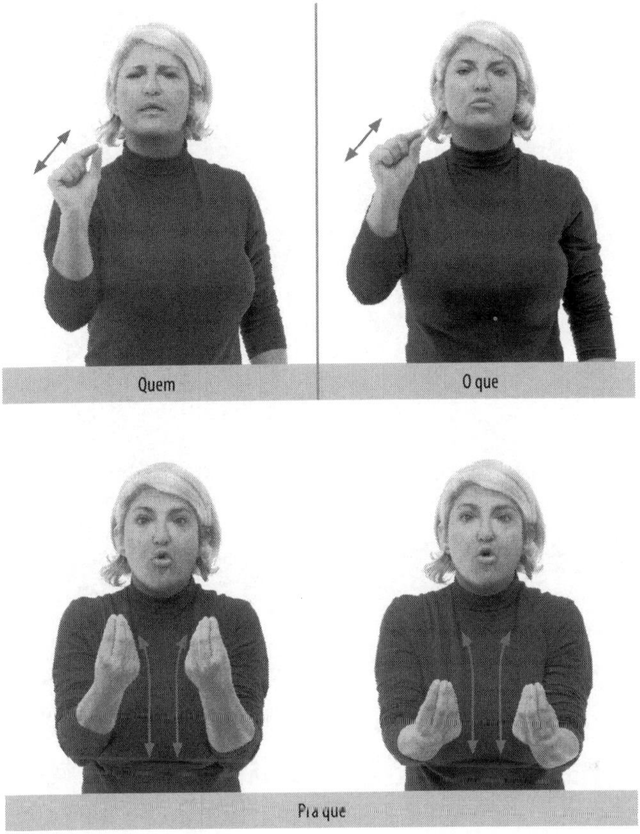

(continua)

(Figura 4.5 – continuação)

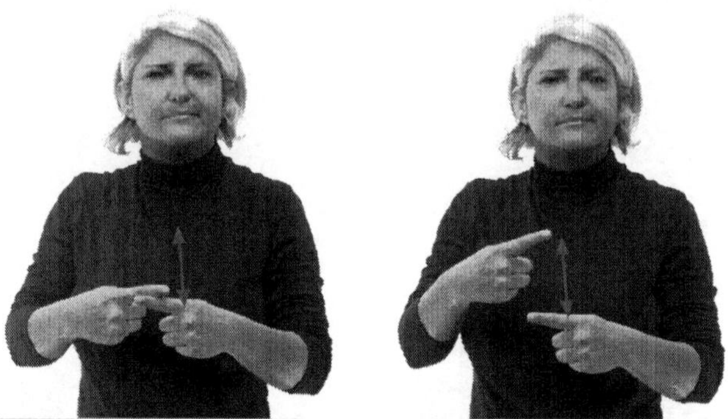

Por que

Como

(Figura 4.5 – continuação)

Onde

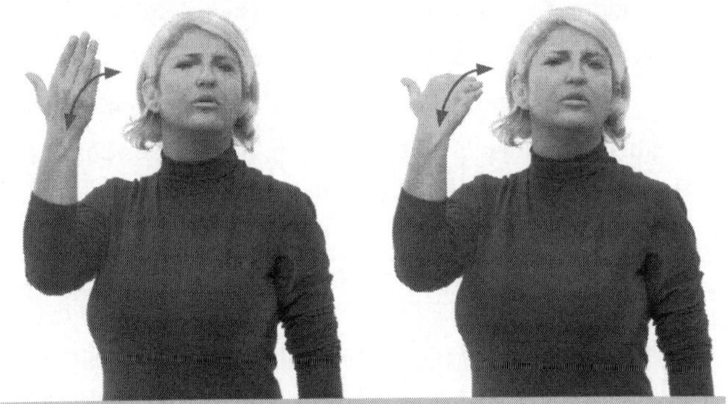

Quando [passado]

(Figura 4.5 – conclusão)

Quando [futuro]

Os marcadores retóricos em Libras são usados em diferentes gêneros do discurso. Trata-se de um recurso muito utilizado por falantes surdos e ouvintes. Você pode ver o uso desses elementos, tanto no âmbito retórico quanto no interrogativo, nos vídeos sugeridos na seção "Indicações culturais", presente no fim deste capítulo.

4.3 Uso dos espaços na enunciação em Libras: dêixis em processos de descrição

Após tratarmos sobre o papel das ENMs para a construção de enunciados e expressão de emoções, afeições e sentimentos, bem como sua dimensão gramatical em Libras, vamos abordar como elas são constitutivas no processo de construção de conceitos do ponto de vista enunciativo, isto é, na mobilização, pelo sujeito, do sistema da língua. Neste tópico, veremos alguns elementos sintáticos da Libras, que é marcada, sobretudo, pelo uso dos espaços de sinalização associados às ENMs e que compõem alguns dos recursos linguístico-enunciativos dos processos de descrição em Libras.

Em sua pesquisa de mestrado no Programa de Semiótica e Linguística Geral da Universidade de São Paulo (USP), Renata Moreira, com base na teoria dos espaços mentais aplicados à língua de sinais (Liddell, 1995, 1996, 2000; Liddell; Metzger, 1998), descreveu os pronomes demonstrativos e verbos indicadores na Libras. Segundo a autora, os surdos usam o espaço de sinalização para criar locais que serão associados às chamadas entidade dêiticas, enunciativas, por meio de sinais de apontamento.

Para Liddell e Metzger, citados por Moreira (2007), essas entidades conceituais só podem ser criadas por meio da integração de espaços mentais, pictóricos, representados e elaborados nas línguas sinalizadas visualmente, no espaço físico em frente e ao redor do sinalizante. Com base nessas concepções, Moreira (2007) descreveu, na Libras, três espaços mentais integrados descritos por Liddell (1995, 2000, 2003) na língua de sinais americana (ASL): o espaço real, o espaço *token* e o espaço sub-rogado.

O primeiro espaço mental é o espaço real e se constitui em um mapeamento cognitivo do espaço físico que rodeia um sinalizante, o qual é uma concepção individual do que é fisicamente real no espaço de enunciação, ou seja, daquilo que está presente no *locus* enunciativo do sinalizante. A autora afirma que "entidades que habitam esse espaço também são "reais", no sentido de que também são representações mentais das pessoas que estão presentes fisicamente no local e no tempo em que ocorre uma enunciação." (Moreira, 2007, p. 46),

Segundo Moreira (2007, p. 46),

> Nas línguas de sinais, para fazer referência a entidades do mundo real, os sinais dêiticos apontam para locais conceitualmente associados a essas entidades presentes,

e correspondem aos lugares que as entidades ou as coisas ocupam, no momento e no espaço em que o sinalizante está. O espaço mental real é um espaço amplo. Um sinalizante pode apontar para qualquer local que esteja associado à representação mental de alguma entidade a que ele queira se referir, não só no espaço restrito, em frente ao seu corpo, mas em todo o espaço ao seu redor.

Observe, na Figura 4.6, um exemplo possível do que seria uma construção em Libras com um pronome demonstrativo em um espaço real.

Figura 4.6 – Espaço mental real[4]

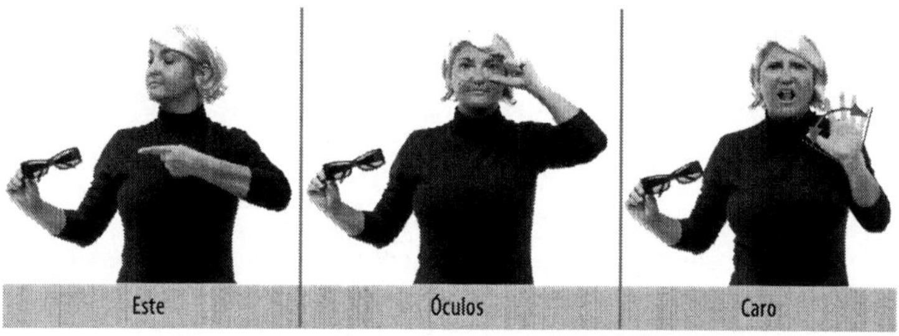

O segundo, o espaço mental *token*, corresponde a um "espaço integrado, em que as entidades ou as coisas das quais se quer falar são representadas sob a forma de um ponto fixo no espaço físico" (Moreira, 2007, p. 47), o qual pode ser usado para a construção de um enunciado em Libras para apresentar/representar qualquer conceito.

As entidades representadas, nesse caso, são invisíveis, mas podem estar integradas ao espaço mental real. Segundo Moreira (2007), nas

4 Tradução para o português: "Estes óculos são caros".

línguas de sinais, essa representação sob a forma de *token* é projetada no espaço que fica em frente ao corpo do sinalizante (espaço de sinalização), um espaço limitado, no qual as mãos do sinalizante são facilmente localizadas horizontal e verticalmente. Geralmente, esse espaço mental limita-se, de acordo com os estudos de Liddell (1995), à representação de terceira pessoa e podem ser usados para referenciar pessoas e/ou coisas que não estão presentes no momento e no local da enunciação.

Conforme Moreira (2007), existem algumas formas de localizar o uso do espaço *token* em uma sinalização. A autora observou algumas dessas formas na Libras:

- um olhar direcionado para um determinado ponto de sinalização, seguido de um sinal de apontamento;
- o uso de um sinal de apontamento, seguido de expressão referencial ou digitalização;
- uma expressão nominal seguida de um apontamento;
- uma digitação em determinado ponto do espaço de sinalização, seguida de apontamento;
- um sinal próprio da entidade referida, seguido de olhar ou sinal de apontamento (Moreira, 2007).

Acompanhe, na Figura 4.7, um exemplo do uso do espaço *token*. Observe que na cena (A) o sinalizante faz o apontamento seguido do olhar para referenciar o objeto a ser enunciado, conforme mapeado por Moreira (2007, p. 48).

Figura 4.7 – Espaço mental *token*[5]

E o terceiro espaço mental, o espaço sub-rogado, é usado para a conceitualização de algo que já aconteceu ou que ainda acontecerá. Geralmente, os sinalizantes usam esse espaço para contar histórias, narrar diálogos, fazer citações diretas da fala de terceiros. De acordo com Moreira (2007), os sinalizantes exploram seus movimentos corporais e o espaço da sinalização ao seu redor para construir as cenas e interpretar os personagens. Para Liddell (2003), as entidades criadas em uma narrativa em língua de sinais com o uso do espaço sub-rogado são representações mentais em tamanho natural, que assumem posições realistas, por serem incorporadas pelo próprio sinalizante.

Nesse sentido, os espaços mentais sub-rogados, portanto, não se limitam ao espaço de sinalização em frente ao corpo do sinalizante. Para Moreira (2007), alguns recursos linguísticos e não linguísticos são usados pelo sinalizante para a construção de entidades do espaço sub-rogado:

- posição e movimento do tronco e cabeça;
- direção do olhar;
- caracterização da personagem (jeito de olhar, sinalizar, objetos que carrega);

5 Tradução para o português: "Aqueles óculos são caros".

- as mudanças na expressão facial;
- expressões nominais que indicam a personagem representada (Moreira, 2007, p. 52-53).

Observe a Figura 4.8 para acompanhar um exemplo de utilização do espaço sub-rogado.

Figura 4.8 – Espaço mental sub-rogado[6]

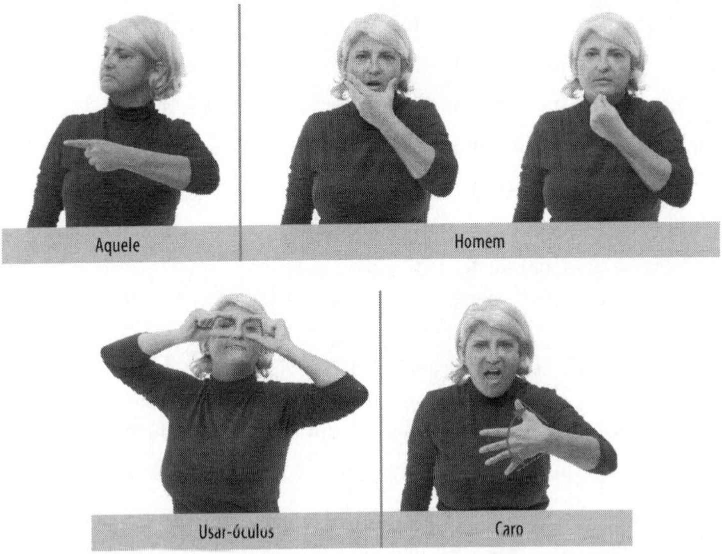

Os mapeamentos realizados por Moreira (2007) identificaram, entre outros aspectos, que as descrições em Libras são feitas a partir do uso dos espaços: real, referenciando entidades (coisas, pessoas etc.) presentes no espaço da sinalização; *token*, referenciando entidades não presentes; e sub-rogado, para referenciar, citar e incorporar personagens na primeira pessoa.

6 Tradução para o português: "Aquele homem está usando óculos caros".

Geralmente, no processo de descrição de pessoas e personagens, os sinalizantes fazem uso do espaço sub-rogado, incorporando as características daquilo que buscam descrever. Já objetos, usualmente, são descritos no espaço *token*, quando o sinalizante aponta para determinado ponto do espaço à frente de seu corpo ou na lateral e, com isso, faz a descrição. E o espaço real comumente é utilizado para incorporar pessoas ou coisas presentes no momento da enunciação.

Todavia, salientamos que tais espaços precisam estar atrelados, conforme discutido inicialmente, aos contextos de produção. Os exemplos nas figuras são apenas enunciados simulados para mostrar as possibilidades de uso desses espaços. Para ver exemplos de narrativas com o uso dos espaços mentais real, *token* e sub-rogado integrados, acesse os vídeos sugeridos na seção "Indicações culturais", ao final deste capítulo.

4.4 O uso de metáforas na Libras

A metáfora está infiltrada na vida cotidiana e constitui-se em fraseologismos ou unidades lexicais analogicamente. Isto é, elas nos possibilitam dizer algo usando um enunciado, mas significando outro. Geralmente, os termos "equivalentes" têm a mesma carga semântica que é convencionada no âmbito comunitário e cultural. Segundo Lakoff e Johnson (2002, p. 45), estudiosos dessa figura de linguagem, "a metáfora está infiltrada na vida cotidiana, não somente na linguagem, mas também no pensamento e na ação. Nosso sistema conceptual ordinário, em termos do qual não só pensamos, mas também agimos, é fundamentalmente metafórico por natureza".

Em Libras, assim como em todas as línguas naturais, a metáfora é uma figura de linguagem bastante utilizada entre os surdos. O estudo de Faria (2006) foi pioneiro em identificar unidades metafóricas na língua de sinais utilizada no Brasil por meio de contraste com a língua portuguesa. A pesquisadora, em sua pesquisa de mestrado, identificou três tipos de metáforas:

1. **Metáfora semelhante**: Equivalente no sentido, mas diferente na forma. Ambas as línguas, a portuguesa e a de sinais, têm formas equivalentes, como uma mão tocando o cotovelo. Entretanto, o significado dessa ação varia: para a Libras, tal sinal significa ciúme; já na língua portuguesa, é uma mímica representativa de "dor de cotovelo" (Faria, 2006).

   Observe a seguir um exemplo que equivale à expressão "entrar por um ouvido e sair pelo outro".

Figura 4.9 – Metáfora semelhante

Entrar-Olho-Sair-Olho

2. **Metáfora diferente**: Esta se difere tanto no sentido quanto na forma. As metáforas diferentes são oriundas do universo linguístico e cultural partilhado pelos surdos, ou seja, não apresentam qualquer correspondência direta na língua portuguesa. Acompanhe dois exemplos na sequência nas figuras a seguir.

Figura 4.10 – Metáfora diferente: exemplo 1[7]

Figura 4.11 – Metáfora diferente: exemplo 2[8]

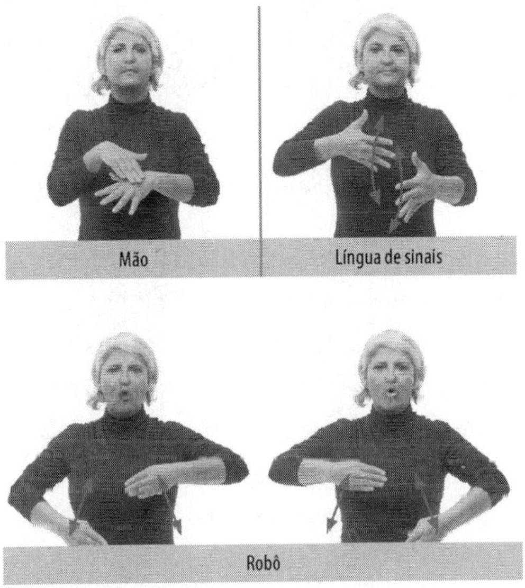

7 Significado: pessoa que tem fluência em língua de sinais ou uma sinalização clara.

8 Significado: pessoa que tem muita dificuldade em sinalizar.

3. **Metáfora equivalente**: Estas metáforas se equivalem tanto na forma como no sentido. Nesse caso, ao se contrastarem as duas línguas, Libras e português, é possível notar igualdade de forma e equivalência de sentido na metáfora, conforme pode ser visto no exemplo a seguir.

Figura 4.11 – Metáfora equivalente[9]

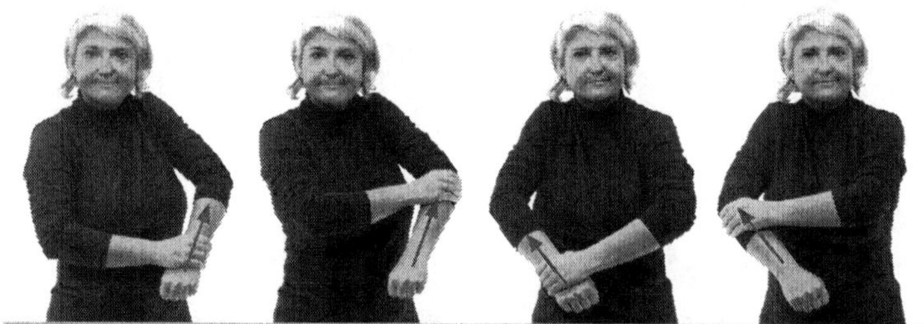

Arregaçar as mangas

Os recursos metafóricos em Libras são muitos, mas ainda faltam pesquisas que os descrevam a partir de falas espontâneas e concretas de surdos em situação de interação. Por mais que as metáforas possuam certa carga semântica "cristalizada", elas ganham sentido a partir do contexto de uso, de quem são os sujeitos e seus projetos discursivos. Por essa razão, apenas conhecê-las não é suficiente; é preciso saber usá-las. Para isso, o aprendiz de Libras necessita estar em constante contato com a comunidade surda, pois, assim, pela interação e participação nos rituais interativos dessa comunidade, aprenderá não apenas a dupla significância da metáfora – a forma linguística e seu significado –, mas quando e por que usá-la.

9 Significado: não desistir, avançar, trabalhar, ir avante.

Síntese

Neste capítulo, acompanhamos algumas maneiras de expressar conceitos em Libras. Todavia, existem muitos outros recursos dados pela língua e pela modalidade linguística que contribuem para expressar conceitos. Por ser uma língua, os conceitos expressos por ela/nela são, obviamente, construídos no âmbito da partilha cultural de seus falantes.

Os surdos participam do cotidiano da sociedade ouvinte e da construção de artefatos culturais partilhados, mas também possuem experiências culturais singulares dadas pela condição de não ouvir e, mais que isso, pela visualidade, que os constituem. Os próprios conceitos de "ser surdo" e "ser ouvinte" só podem existir porque o convívio entre as pessoas que ouvem e as que não ouvem acontece cotidianamente.

Há quem diga que o ouvinte é o outro do surdo e o surdo é o outro do ouvinte. Essa relação conceitual só pode ser construída pelas relações estabelecidas entre sujeitos históricos, sociais e culturais, por meio das línguas orais e de sinais que são alguns dos terrenos comuns partilhados por ambas as comunidades. Desse modo, emoções, descrições, metáforas, metonímias ou quaisquer outras dimensões expressivas podem ser realizadas em Libras.

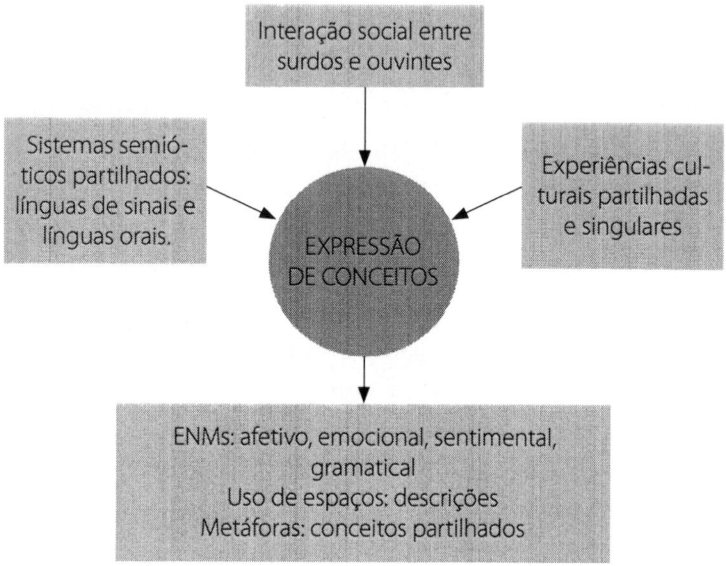

Indicações culturais

MENSAGEM de Natal e Ano Novo para todos... 2015/2016. Disponível em: <https://www.youtube.com/watch?v=bUukWur3LOY&feature=youtu.be>. Acesso em: 7 fev. 2019.

Esse vídeo, produzido pelo Núcleo de Acessibilidade e Libras da Divisão de Educação e Reabilitação dos Distúrbios da Comunicação da Pontifícia Universidade Católica de São Paulo (Derdic/PUC-SP), apresenta um diálogo protagonizado por dois professores surdos sobre os significados do Natal e como expressá-los em Libras.

ESCOLA bilíngue para surdos??? Por que não escola bilíngue de surdos? Disponível em: <https://www.youtube.com/watch?v=_2Fck29XVsc>. Acesso em: 7 fev. 2019.

Nesse vídeo, o sinalizante apresenta um discurso político argumentativo sobre os usos das preposições "de" e "para" (em português) no âmbito da escola de/para surdos. Para tanto, ele faz uso de marcadores interrogativos retóricos em seu discurso.

BOLINHA de ping-pong – Rimar R. Segala. Disponível em: <https://www.youtube.com/watch?v=VhGCEznqljo>. Acesso em: 7 fev. 2019.

Nesse vídeo, o sinalizante trabalha com a metáfora da bolinha de pingue-pongue para explicar uma situação específica vivenciada por ele no âmbito do ensino superior. João Paulo da Silva descreveu, em seu mestrado na área de linguística no Programa de Semiótica e Linguística Geral da Universidade de São Paulo (USP), os recursos demonstrativos utilizados neste vídeo.

METÁFORAS na libras/MS. Disponível em: <https://www.youtube.com/watch?v=qukB8H_KEzo>. Acesso em: 7 fev. 2019.

O Centro de Capacitação de Profissionais da Educação e de Atendimento às Pessoas com Surdez (CAS) do Estado do Mato Grosso do Sul produziu glossários com algumas metáforas utilizadas nesse Estado. Nesse vídeo, a sinalizante mostra algumas delas e as contextualiza em enunciados.

Atividades de autoavaliação

1. Com relação à discussão realizada no texto sobre a expressão de conceitos pela língua, podemos afirmar que:
   a. Sem uma língua, é impossível expressar conceitos, pois é a linguagem verbal que possibilita, enquanto conjunto de signos internalizados no âmbito de uma comunidade socialmente organizada, a conformação de ideias e da realidade por meio da partilha desse mesmo sistema.
   b. Um conceito pode ser expresso sem um sistema semiótico partilhado, porque para ser representado não depende, necessariamente, de um signo verbal, mas, sim, de qualquer sistema, como a dança, por exemplo.
   c. A linguagem verbal é um sistema semiótico pobre porque cada pessoa diz o que quer dizer independente do que o outro é capaz de compreender.
   d. O desenho é o melhor sistema para a elaboração de conceitos complexos, uma vez que possibilita a expressão individual e artística da nossa subjetividade.
2. Assinale a alternativa que indica as funções das ENMs nas línguas de sinais:
   a. Função emotiva e função gramatical.
   b. Função gramatical e função gráfica.
   c. Função emotiva e função agramatical.
   d. Função direcional e função gramatical.
3. Os marcadores linguístico-discursivos *o-que*, *quem*, *pra-que*, *por-que* são usados para:
   a. enunciados exclamativos e retóricos.
   b. enunciados retóricos e interrogativos.
   c. enunciados emotivos e retóricos.
   d. enunciados visuais e emotivos.

4. Segundo a pesquisadora brasileira Moreira (2007), a descrição em Libras pode ser feita por meio de dêiticos utilizados em espaços mentais integrados. O espaço mental sub-rogado é o que possibilita:
   a. a descrição de objetos empíricos presentes no espaço de enunciação.
   b. a descrição de objetos e sujeitos imaginários.
   c. o apontamento de objetos e coisas distantes do sinalizante.
   d. a descrição e incorporação de objetos, coisas e personagens em seus tamanhos, formas e movimentos.
5. Nascimento (2003) descreveu algumas metáforas encontradas em Libras. A metáfora que apresenta elementos culturais da comunidade surda é a
   a. metáfora visual.
   b. metáfora equivalente.
   c. metáfora parecida.
   d. metáfora diferente.

Atividades de aprendizagem

Questões para reflexão

1. Todos os seres humanos utilizam as expressões faciais e corporais na comunicação cotidiana. Elas fazem parte da capacidade humana de interagir e se comunicar, que é, conforme discutimos no texto, um traço constitutivo de todas as pessoas. Entretanto, nas línguas de sinais, as expressões faciais e corporais possuem função prosódica, isto é, sem elas, a produção dos sinais fica completamente sem sentido e sem vida. Elas funcionam como as entonações nas línguas orais e, por isso, sua ausência na comunicação

com surdos dificulta a compreensão e a interação por meio dessa língua. Reflita sobre como seria se comunicar em língua portuguesa sem o uso das entonações e tente transpor isso às línguas de sinais. Seria possível uma língua de sinais apenas com sinais manuais e sem a expressividade de todo o corpo?

2. Em língua de sinais, o uso das apontações nos espaços à frente do corpo para função dêitica constitui a enunciação. Entretanto, os ouvintes também fazem uso delas durante a comunicação, mas, conforme as expressões faciais e corporais, as apontações nas línguas orais possuem funções complementares à linguagem verbal. Nas línguas de sinais, a apontação tem função linguístico-discursiva e está atrelada à dimensão gesto-visual dessa língua. O uso de espaços mentais na enunciação em língua de sinais refere-se a elementos de coesão e coerência no discurso. Reflita sobre as sobreposições espaciais em uma sinalização. Seria possível se comunicar com surdos colocando todas as construções sintáticas no espaço neutro à frente do corpo? Pense a respeito da necessidade de uso das apontações e dos espaços como aspectos discursivos em língua de sinais.

Atividades aplicadas: práticas

1. Uma das dificuldades apresentadas por aprendizes de línguas de sinais é a produção de expressões faciais e corporais. Isso ocorre porque tais expressões são, na comunicação oral cotidiana, tratadas como recursos periféricos. Nas línguas de sinais, elas são constitutivas, e a ausência delas dificulta – e muito – a comunicação com surdos. Você tem dificuldades para realizar expressões faciais e corporais? Observe-se em um espelho grande e treine

expressões faciais gramaticais e emotivas que os seus professores têm ensinado durante as aulas. Será um exercício, no mínimo, divertido e contribuirá para a sua expressividade nessa língua.

2. Entre as diferentes figuras de linguagem disponíveis nas línguas para mobilizar e expressar conceitos e ideias, as metáforas encontram-se entre as mais complexas. Em Libras, existem metáforas que se assemelham às da língua portuguesa e outras que estão ligadas ao universo cultural, linguístico e sensório-perceptivo dos surdos. Faça uma pesquisa entre a comunidade surda sobre diferentes tipos de metáforas e amplie seu vocabulário em relação a essa figura de linguagem em Libras.

capítulo cinco

Libras no território brasileiro

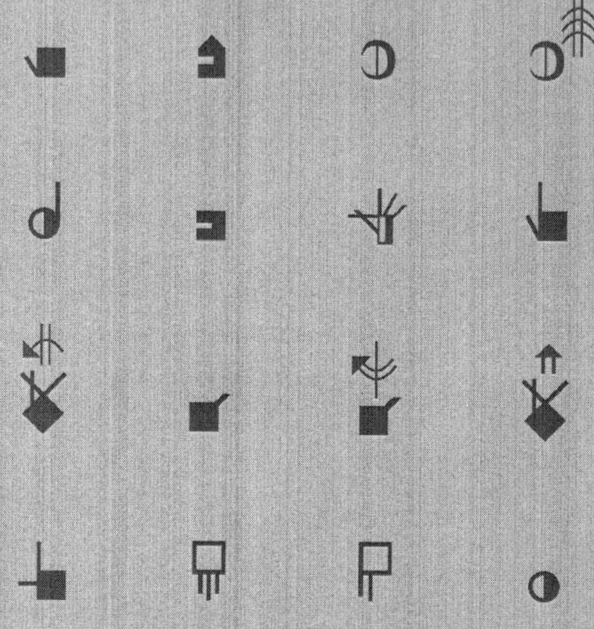

Sarah Leite Lisbão
Cristina Broglia Feitosa de Lacerda

Neste capítulo, apresentamos um breve histórico sobre a influência da língua de sinais francesa (LSF) na origem da língua brasileira de sinais (Libras), especialmente aquela utilizada nos centros urbanos em nosso país. Resgatamos aspectos das primeiras publicações de dicionários de língua de sinais no Brasil, produzidos principalmente com o intuito de registrar e difundir essa língua.

Ao contextualizarmos o surgimento desses dicionários, promovemos uma reflexão sobre sua origem histórica e os atuais suportes de difusão da Libras, tais como aplicativos e redes sociais que utilizamos para nos comunicar em diferentes regiões do Brasil e do mundo. Por fim, abordamos alguns exemplos de uso da Libras que nos fazem pensar sobre a língua e seu uso em diferentes espaços e realidades. Estudos sobre tais aspectos estão surgindo aos poucos, permitindo-nos conhecer e compreender melhor a Libras e sua relação com outras línguas.

5.1 Um breve histórico da trajetória da Libras

Ao longo dos anos, a Libras vem sendo foco de discussões, tanto na perspectiva estrutural e gramatical quanto com relação ao seu uso pela comunidade surda, considerando a perspectiva sociocultural. Analisamos a trajetória dessa língua no Brasil até chegarmos aos dias atuais, buscando, com isso, compreender melhor os desdobramentos decorrentes do seu uso na atualidade.

De acordo com Aranha (citado por Sofiato, 2011), em meados do século XIX o Brasil não tinha uma política educacional nacional sistematizada. A população brasileira em sua maioria era rural e analfabeta, sendo a maioria formada de escravos. A economia agrária da época sofreu mudanças principalmente com o desenvolvimento repentino da indústria no final daquele século no Brasil.

De acordo com Rocha (citado por Sofiato, 2011, p. 34), "em 1827 foi promulgada a primeira e única Lei Geral referente à Instrução primária no Brasil durante o Império, presente no artigo 1° que em todas as cidades, vilas e lugares mais populosos haverá escolas de letras", tantas quantas fossem necessárias para tentar mudar o quadro educacional da população brasileira. O foco do ensino então era a leitura, a escrita e o cálculo.

Nesse contexto, Eduard Huet, educador surdo francês, em junho de 1855, chegou ao Brasil e entregou um relatório em língua francesa ao Imperador D. Pedro II, no qual afirmava sua intenção de fundar no Brasil um colégio para educar surdos. De acordo com Rocha (citado por Sofiato, 2011), o relatório descrevia as experiências que Huet teve enquanto diretor de uma instituição que atendia surdos na França, demonstrando seu conhecimento sobre a educação de surdos e a oportunidade de, naquele momento, propor a organização de escolas semelhantes no Brasil.

Esse documento também apresentava propostas, cujo objetivo era que o governo pudesse auxiliar na criação de um colégio, já que a maioria dos surdos vinha de famílias pobres e sem condições de pagar por sua educação. Assim, o imperador, em 1º de janeiro de 1856, inaugurou o Collegio Nacional para Surdos-Mudos de Ambos os Sexos, no Rio de Janeiro. Como requisitos para receber os alunos surdos, o colégio promulgava, segundo Rocha (citado por Sofiato, 2011, p. 37), que os alunos deviam

> ter entre sete e dezesseis anos e apresentar um certificado de vacinação. O curso tinha a duração de seis anos, com foco no ensino agrícola, em função das características socioeconômicas do Brasil. Para as meninas, eram as mesmas regras, além do compromisso de organizar uma sociedade beneficente composta por senhoras notáveis.

No início, o funcionamento do colégio não foi simples. Rocha (citado por Sofiato, 2011) aponta que, entre outros problemas, havia dificuldades financeiras e problemas com o prédio e, consequentemente, inadequação para receber os alunos surdos que ali viviam e estudavam.

Em 1857, o local da instituição foi transferido para uma casa maior no Morro do Livramento. Em dezembro de 1861, Huet deixou a direção do colégio, recebendo uma indenização pelo patrimônio material deixado no local. Esse colégio fundado por Huet é onde funciona atualmente o atual Instituto Nacional de Educação de Surdos (Ines).

Entre os vários diretores do colégio, destacamos o médico sanitarista Tobias Rabello Leite, que dirigiu a instituição a partir de 1868 por 28 anos, demonstrando interesse em melhorar o trabalho realizado na educação dos surdos e compreensão em relação à língua e à pessoa surda. Em relação à educação oferecida no instituto, Tobias Leite não encontrava grandes dificuldades, já que esta era baseada nas práticas do abade francês Charles-Michel de l'Épée (1712-1789), continuadas por seu aluno Roch-Ambroise Cucurron Sicard (1742-1822) no Instituto Nacional dos Surdos-Mudos de Paris. Huet havia trabalhado neste instituto e trouxe essa cultura educacional para o Brasil.

Naquele período, o método lancasteriano, usado em Paris, caracterizava-se pelo ensino individual por meio de monitores para o desenvolvimento de atividades, bem como para a organização geral da escola, a limpeza, entre outras tarefas. Neves (citado por Sofiato, 2011) ressalta que esse método foi muito presente no ensino de alunos surdos, pois fazia uso de repetições e memorizações, já que se acreditava que esta seria uma forma de inibição à preguiça, à ociosidade e poderia despertar o desejo pela quietude nos alunos, para gerar disciplina.

Para melhor acompanharmos o desenvolvimento da educação de surdos em nosso país, parece interessante divulgar um levantamento feito pelo diretor Tobias Leite, relativo ao mapeamento do número de surdos matriculados nas diversas escolas das províncias pelo Brasil. A população brasileira em 1870 era de dez milhões cento e doze mil e sessenta e um habitantes (10.112.061), sendo que mil trezentos e noventa e dois (1.392) eram surdos (Sofiato, 2011).

Figura 5.1 – Alunos surdos matriculados no Instituto Nacional dos Surdos-Mudos em 1870

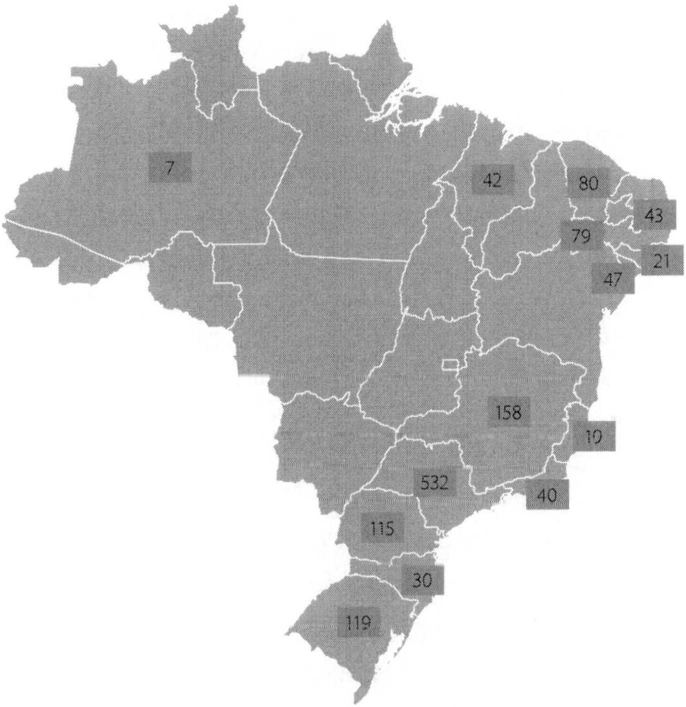

Hamidah Samucha Rangroon/Shutterstock

Fonte: Elaborado com base em Sofiato, 2011, p. 44.

Esses dados nos mostram que o instituto recebia estudantes surdos de diversas regiões do Brasil. No ano de 1870, havia 1.392 surdos que frequentavam o instituto, oriundos de diferentes Estados brasileiros. O maior número de alunos vinha do Estado de São Paulo (532 surdos), e o menor contingente vinha do Amazonas (7 surdos).

Os alunos surdos educados no instituto foram responsáveis, em muitos casos, pela divulgação do conhecimento lá ofertado. Consequentemente, eram também agentes disseminadores da língua de sinais no território brasileiro. De acordo com Brito (1993, p. 6), esses surdos que vinham de todo o Brasil para estudar no instituto tinham uma forte tendência a utilizar uma língua de sinais. E foi essa utilização que originou a Língua de Sinais dos Centros Urbanos Brasileiro (LSCB). Cem anos mais tarde, Brito (1995) começou suas pesquisas sobre o tema.

Souza e Segala (2009) resgataram a difusão e promoção da língua de sinais utilizadas no instituto por diversos alunos, como foi o caso de Francisco, que havia saído de Santa Catarina para estudar no instituto e, ao retornar para sua cidade natal, pôde transmitir o que havia aprendido. Outros responsáveis pela difusão do aprendizado e da língua de sinais usada no instituto citados pelas autoras foram um grupo de rapazes do Mato Grosso, entre eles os irmãos Aquino, que também a difundiram.

Nesse contexto, destacamos outro importante personagem para a educação de surdos no Brasil, o jovem Flausino José da Costa Gama, ex-aluno do Instituto Nacional de Surdos-Mudos. Ele foi considerado um excelente aluno, já que desenhava bem, era inteligente e um ótimo repetidor.

> o repetidor tinha que assistir às aulas e depois repetir as lições do professor aos alunos que tinha sob a sua responsabilidade [...] acompanhava os alunos no recreio e o seu retorno à sala de aula, acompanhava visitantes do instituto, pernoitava com os outros alunos, corrigia os exercícios dados pelo professor e fazia a sua substituição quando necessário. (Rocha, citado por Sofiato, 2011, p. 49-50)

Para compreender melhor o que era desenvolvido no instituto e suas formas de divulgação, vamos recorrer à história do aluno Flausino. Nos documentos da época, narra-se que ele estava folheando alguns livros na biblioteca do instituto quando encontrou um dicionário intitulado *l'Enseignement primaire dês sourds-muets mis a la portée de tout le monde avec une iconographie dês signes*, de 1856, feito por Pierre Pélissier, um surdo francês. Flausino, ao se deparar com o dicionário de Pélissier, encantou-se pelo material, que continha figuras da língua de sinais francesa. O aluno se entusiasmou para confeccionar um dicionário que fosse utilizado pelos surdos do instituto.

Empolgado com a ideia, Flausino foi ao encontro do diretor Tobias Leite, perguntando se um dicionário brasileiro também poderia ser confeccionado. Contente com o interesse e com a ideia de seu aluno, o diretor começou a pensar nesse material como um meio de promover visibilidade para a língua de sinais e para a pessoa surda no contexto da sociedade da época. Seu objetivo era mostrar a possibilidade de um surdo adquirir conhecimento acadêmico desenvolvendo seu pensamento por meio da língua de sinais (Sofiato, 2011).

Para conseguir realizar esse projeto, Tobias Leite buscou financiamento, já que o instituto dispunha de poucos recursos. Pela importância da elaboração do dicionário de língua de sinais, o diretor foi à procura do Dr. Eduard Rensburg, proprietário de uma das mais importantes oficinas de litografia do Rio de Janeiro. Rensburg concordou em ajudar na produção do dicionário, proporcionando a utilização de sua oficina para a impressão do material e, ainda, oferecendo-se para ensinar a Flausino a técnica usada para a impressão da época, a litografia[1].

Com o apoio de um dos maiores litógrafos do Rio de Janeiro, a *Iconographia dos signaes dos surdos-mudos* foi publicada em 1873. Assim, esse dicionário tornou-se o primeiro material impresso sobre língua de sinais no Brasil. Inicialmente, foi reconhecido como uma criação de Flausino José da Gama, mas, de acordo com Sofiato (2011), o aluno não criou o dicionário, mas, sim, copiou os sinais presentes no dicionário do francês Pierre Pélissier. Naquela época (século XIX), a concepção de copiar uma obra era diferente da atual, logo, esse ato não era visto como errado; pelo contrário, era um ato que propiciava a divulgação de um material importante (Sofiato, 2011). A meta era divulgar a língua de sinais, e o exemplar francês encontrado serviu de base para uma produção e impressão feita no Brasil.

A Figura 5.2, a seguir, indica uma das estampas presentes no dicionário de Flausino.

1 Gravura feita em pedra com apresentação da imagem em plano, inventada pelo alemão Alois Senefelder em 1796. Permite velocidade na produção de imagens, ampliando possibilidades de representação. Pela maior resistência da pedra, favorece o aumento da tiragem (Sofiato, 2011).

Figura 5.2 – Estampa do dicionário de Flausino

Fonte: Gama, 1875.

Esse material reproduzido por Flausino se tornou referência para as publicações de dicionários de língua de sinais no Brasil, sendo elaborado a partir da mesma estrutura do dicionário de Pélissier. Estruturas como a forma dos desenhos, as setas usadas para representar os movimentos dos sinais, as expressões faciais e a organização do índice são exemplos de aspectos que Flausino reutilizou para elaborar o dicionário. Essa obra foi de grande importância, já que se trata de um marco para o registro de sinais feitos na língua de sinais usada pelos surdos no Brasil, favorecendo que ela fosse difundida para os surdos.

Contudo, apesar da publicação do dicionário, Sofiato (2011) reforça que a principal função de Flausino no instituto era como repetidor. Cabe destacar que não havia o ensino da língua de sinais no instituto, mas a língua estava presente nesse contexto graças ao uso que os alunos surdos faziam dela.

Após essa breve contextualização do início histórico da língua de sinais no Brasil, passamos a tratar do início dos estudos dessa língua em nosso país.

5.2 Início dos estudos da Libras

Foi apenas na década de 1990 que estudos mais consistentes sobre a língua de sinais usada no Brasil foram desenvolvidos. Brito (1993) iniciou suas pesquisas com base no trabalho de Carrick Mallery (citado por Ramos, 2003) sobre as línguas de sinais indígenas nos continentes norte-americano e australiano intitulado *Plains Sign Language* (PSL) (Língua de Sinais das Planícies Norte-Americanas).

A publicação mais relevante para a trajetória dos estudos das línguas de sinais foi a de Stokoe, em 1960: *Sign Language Structure: an Outline of the Visual Communication Systems of the American Deaf* (Stokoe, 2005). Em 1965, Stokoe, Casterline e Croneberg publicaram *A Dictionary of American Sign Language on Linguistic Principles*, o primeiro dicionário de língua de sinais produzido no século XX. Com essas publicações, Stokoe conseguiu inserir as línguas de sinais no campo de estudos das ciências linguísticas.

A partir do conhecimento dessas pesquisas e publicações, Brito (1995) refletiu sobre os estudos das línguas de sinais comparadas com as línguas orais, levando em consideração a diferença entre essas modalidades e a interferência delas nas teorias linguísticas. Estas, fortemente apoiadas na fala, consideravam os sinais pouco arbitrários, desconheciam como lidar com a simultaneidade presente nas línguas de sinais e eram desafiadas a considerar constitutivos dos signos os parâmetros antes tidos como periféricos – por exemplo, entonação e aspectos paralinguísticos (expressão facial) – no caso das línguas de sinais.

Assim, após os estudos pioneiros de Stokoe, surgiram estudos em diferentes partes do mundo, nas quais se aglomeravam surdos buscando descrever e estudar diversas línguas de sinais, reafirmando a importância do registro dessas línguas, com publicações que acabaram por traçar e constituir o conhecimento tanto sobre a língua de sinais quanto a respeito da cultura dessas comunidades surdas.

No Brasil, como já dissemos, a pesquisadora Lucinda Ferreira Brito foi quem primeiramente se dedicou a estudar os aspectos linguísticos da língua de sinais. A primeira experiência dela com uma língua de sinais veio da cultura dos índios urubu-kaapor, habitantes da Floresta Amazônica brasileira, no estado do Maranhão, em 1982.

A pesquisadora conviveu com eles por um mês, registrando suas experiências por meio de gravações. Brito deu visibilidade a uma língua desconhecida até então, e os estudos da autora permitiram afirmar que a língua de sinais que circulava nas grandes cidades – nomeada por ela de língua de sinais dos centros urbanos brasileiros – LSCB) se desenvolvia totalmente desvinculada da língua de sinais dos indígenas urubu-caapor (LSKB[2]).

Brito (1993) analisou apenas o aspecto semântico (temporal e espacial) da LSCB e da LSKB. Para tal, a autora escolheu alguns parâmetros gramaticais na LSCB para nortear sua análise, tais como: configuração de mão, ponto de articulação, movimento e orientação da palma da mão. Em sua pesquisa, a autora chegou à seguinte conclusão:

> os sinais espaciais são muito mais restringidos pela modalidade da linguagem do que os sinais temporais, que são mais inerentes à cultura. Mesmo que consideremos que a organização do espaço possa muitas vezes variar de cultura para cultura, temos de levar em conta que, pelo menos nas línguas de sinais, ela é mais restringida pela modalidade de língua do que, por exemplo, o tempo. (Brito, 1995, p. 246)

Assim, os sinais no discurso usam como referência o corpo de quem está sinalizando. A pesquisadora observou que os pontos de articulação do movimento nas duas línguas (LSCB e LSKB) eram os mesmos. Contudo, ela identificou aspectos divergentes entre as línguas, confirmando que no território brasileiro há diversidade de línguas de sinais.

2 Uma das grafias de *urubu-caapor* é *urubu-kaapor*.

Brito (1993) ressalta que na aldeia dos urubu-caapor a língua de sinais era utilizada por uma parcela dos indígenas ouvintes, de modo que eles poderiam ser considerados bilíngues por fazerem uso tanto da língua oral nativa quanto da língua de sinais. Já os surdos eram considerados monolíngues, pois faziam uso apenas da língua de sinais. Nesse contexto, não havia exclusão da vida em comunidade para os indígenas surdos.

Depois da imersão na aldeia dos urubu-kaapor, Brito passou a percorrer o Brasil em busca de prováveis outras línguas de sinais. Segundo a autora, no Brasil há, no mínimo, duas línguas de sinais, e a utilizada pelos surdos que vivem nas capitais e em centros urbanos brasileiros (LSCB) sofre variações, assim como o português utilizado pelos ouvintes. Brito (1993) ressaltou, ainda, que a LSCB, assim como o português, possui uma homogeneidade apenas aparente, já que apresenta variações, com a possibilidade de serem encontrados sinais diferentes para um mesmo conceito em diferentes regiões do país.

Outro aspecto destacado, e que acreditamos que seja legítimo, é a influência que uma língua sofre por seu contato com outras línguas. Assim como ocorreu com o português em relação a outras línguas orais, a LSCB pode ter sofrido influência no contato com a língua de sinais francesa (LSF) utilizada por Huet no interior do instituto. Destacamos, também, que os surdos dos centros urbanos, em geral, sofriam pressões para a oralização e aprendizagem do português falado, enquanto os indígenas surdos da aldeia urubu-kaapor não eram incitados a falar, e a língua de sinais era compartilhada pela maioria da comunidade local (Brito, 1993).

Souza e Segala (2009) afirmam que a Libras como a conhecemos hoje é resultado não apenas da LSF, mas sim da língua de sinais que já era utilizada pelos surdos, bem como de outras que chegaram ao Brasil na época da colonização por imigrantes.

Em 1995, Brito publicou uma gramática que descrevia princípios e aspectos linguísticos da língua de sinais usada nos centros urbanos brasileiros (LSCB). Essa língua, posteriormente, por meio da Lei n. 10.436, de 24 de abril de 2002 (Brasil, 2002), passou a ser chamada de língua brasileira de sinais (Libras), refletindo a forma como os próprios surdos passaram a chamar a língua que falavam. Essa obra de Brito, além de levantar aspectos linguísticos que afirmavam que a Libras tinha as mesmas características das línguas orais, apontava que no território brasileiro, além do português como a língua oficial, havia outras línguas, como a Libras e a LSKB, indicando um plurilinguísmo em um país que, em geral, declara-se monolíngue.

Quadros e Karnopp (2004), no livro *Língua de sinais brasileira: estudos linguísticos*, apresentam aspectos e parâmetros da Libras antes não contemplados pelas obras mais antigas. No primeiro capítulo, as autoras apontam que a Libras revela aspectos linguísticos como os encontrados nas demais línguas (fonética, fonologia, sintaxe, semântica, arbitrariedade, dupla articulação, deslocamento, criatividade etc.). No segundo capítulo, elas se aprofundam no aspecto fonológico da Libras (configuração de mão, movimento, locação, orientação da palma e expressões não manuais). Já no terceiro, abordam a morfologia e o léxico da Libras. Por sua vez, no quarto e último capítulo, elas focam na estrutura sintática da Libras (verbos, forma interrogativa e concordância).

O material elaborado por Flausino foi considerado por muitos como um importante glossário da Libras. Apenas em 1969 surgiu uma publicação, elaborada pelo missionário americano Eugênio Oates, com a tentativa de registrar a língua de sinais que circulava no Brasil, em uma obra nomeada *Linguagem das mãos*. Essa forma de registro foi aceita somente por parte dos surdos usuários da língua de sinais, já que documentava um pequeno conjunto de sinais de uma determinada região do país (Brito, 1993).

Ainda na perspectiva de divulgar a Libras, em março de 2002, a professora da Universidade Federal de Pernambuco (UFPE) e coordenadora da Federação Nacional de Educação e Integração dos Surdos de São Paulo (Feneis), Tanya Felipe, desenvolveu um projeto fruto da parceria entre o MEC e o Ines, culminado com a publicação do *Dicionário Libras/Português* em *CD-ROM*. Essa produção permitiu uma rápida difusão do dicionário em versão digital, auxiliando na construção identitária dos cidadãos surdos e no processo de formação de sua língua.

Outra publicação a ser destacada é aquela considerada como o primeiro dicionário de Libras, o *Dicionário enciclopédico ilustrado trilíngue de Libras* (Capovilla; Raphael, citados por Ramos, 2003, p. 3). Esse dicionário foi resultado de um projeto do professor Fernando Capovilla, do Instituto de Psicologia/USP (Ramos, 2003). Em 2009, uma nova versão foi publicada, apresentando o dobro de sinais em relação à versão anterior: 14 mil verbetes em português que correspondem a 10.800 sinais em Libras (Capovilla; Raphael; Maurício, 2013).

5.3 A Libras e sua regionalização

Acabamos de acompanhar o processo de criação da primeira escola para surdos no Brasil, que remonta à segunda metade do século XIX. Não temos conhecimento da língua de sinais que os surdos brasileiros usavam antes da chegada do francês E. Huet ao nosso país.

Porém, em virtude das ações do Instituto Nacional de Surdos-Mudos, assume-se a possibilidade de que a LSF tenha contribuído para dar origem à Libras tal como a conhecemos atualmente, por meio da mistura da LSF às diferentes formas de sinalizar dos surdos oriundos de diferentes regiões do país. A língua sofria influências múltiplas, mas sua divulgação e circulação eram relativamente restritas se considerarmos que apenas uma parcela dos surdos brasileiros frequentava o instituto.

Atualmente, essa situação se modificou profundamente. O uso de *webcams*, telefones celulares com câmeras, vídeos disponibilizados na internet e aplicativos apoiados em trocas de imagens, entre outros, favorece que a Libras circule amplamente e que surdos de várias regiões do país interajam em tempo real, ampliando as possibilidades de partilha e construção conjunta dessa língua.

O contexto tecnológico que estamos vivenciando possibilita a comunicação por meio de diferentes formas: mensagem de textos, vídeos, áudios, legenda, dublagem etc. e com diferentes pessoas, nos mais diversos lugares e rapidamente. Por exemplo, o WhatsApp[3] se tornou uma das ferramentas mais usadas pela comunidade surda, não apenas como um aplicativo para recados ou conversas essenciais. Os surdos têm a opção de fazer uso das diversas ferramentas do aplicativo, ao destinarem a conversa para alguém por meio de vídeo ou mensagem de texto.

Além do WhatsApp, a comunidade surda também utiliza o Facebook, a rede social mais utilizada na internet. Por meio de grupos com pessoas conhecedoras da área da surdez e da Libras, os integrantes dessa comunidade inserem e assistem a vídeos para dividir

3 Um dos comunicadores instantâneos mais famosos de todos os tempos, desenvolvido por Jan Koum e Brian Acton.

informações, acompanham divulgações de eventos relacionados à área, bem como notícias sobre interesses da comunidade surda. Também é muito comum dividir conselhos, experiências e desabafos.

Os participantes desses grupos manifestam opiniões utilizando as ferramentas da própria rede social, como "curtir" e "compartilhar". Também fazem comentários em português no espaço abaixo do vídeo e enviam outros vídeos/outras publicações a pessoas específicas. O interessante dessa plataforma *on-line* é que os surdos podem gravar mensagens em Libras de forma rápida e instantânea, e o compartilhamento não precisa ser feito apenas para amigos surdos, mas também para muitas pessoas, comunidades e grupos.

Esse exemplo de rede social nos permite refletir sobre como o desenvolvimento tecnológico favoreceu e está favorecendo o desenvolvimento linguístico da Libras e do português escrito pelos surdos no território brasileiro. Os usuários surdos, ao visualizarem as mensagens nos grupos, entram em contato com as diferentes variações da Libras, possibilitando trocas linguísticas e cada vez mais diminuindo as barreiras em prol da ampliação da língua.

Assim, o desenvolvimento tecnológico revela com maior rapidez a movimentação da língua – ora em direção à padronização, já que sinais usados em uma região passam a ser usados nacionalmente pela rapidez de sua difusão; ora em direção às particularidades que a língua apresenta nas diferentes regiões e comunidades, já que os modos de dizer no uso cotidiano ganham visibilidade e são velozmente divulgados.

Desse modo, naturalmente, diferentes grupos criam, a todo momento, diferentes formas de dizer algo, que vão ou não ganhando estabilidade na língua. Algumas dessas formas têm rápida aceitação dos usuários em âmbito nacional e se tornam usadas por todos; outras, por sua vez, recebem apenas aceitação regional, ao passo que outras, simplesmente, desaparecem. Esse fato não é prerrogativo da Libras, mas, sim, um modo de funcionamento de toda e qualquer língua.

Para o linguista Marcos Bagno (2007, p. 35), "a língua é heterogênea, múltipla, variável, instável e está sempre em desconstrução e em reconstrução". Essa heterogeneidade constitui o que os linguistas denominam variação linguística, e a língua de sinais que circula no território brasileiro, reconhecida e regulamentada como um meio de comunicação e expressão legalmente autorizado para ser usado pelas comunidades surdas em nosso país, está repleta de variações linguísticas.

Bagno (2007) ressalta, ainda, que diversos fatores auxiliam na constituição e variação linguística de uma língua, tais como:

- **Origem geográfica**: Diferentes regiões do Brasil ou mesmo em um único estado podem ser exemplos de lugares que apresentam variações constituídas pela especificidade local.
- **Região urbana ou rural**: Nessas regiões, há muitas formas de difundir informações, e os indivíduos oriundos de cada uma delas têm vivências e experiências muito particulares, o que também gera variação linguística.
- **Fator socioeconômico**: Pessoas de comunidades consideradas de elevado nível econômico e pessoas que pertencem a níveis econômicos considerados baixos apresentam variações no modo de usarem a língua.
- **Grau de escolaridade**: Pessoas que frequentam diferentes níveis de escolaridade fazem também um uso diverso da língua.

- **Faixa etária**: Os mais jovens utilizam a língua de forma diferente em comparação com pessoas de idade mais avançada.
- **Fator de gênero**: Mulheres e homens também utilizam variadas formas para se expressarem.
- **Fator relacionado ao mercado de trabalho**: O próprio trabalho de uma pessoa pode revelar muito sobre o modo como ela utiliza a língua. Por exemplo, médicos fazem escolhas linguísticas diferenciadas das de um advogado, de um engenheiro, de um agricultor etc.
- **Fator tecnológico**: Por meio das redes sociais, utilizamos recursos linguísticos variados, de acordo com a(s) pessoa(s) com quem interagimos.

Para o linguista, a tentativa de padronizar a língua em uma única forma para todos usarem e impor o "certo" e o "errado" é uma forma de preconceito linguístico. Com relação à língua portuguesa, Bagno (2007, p. 18) argumenta (o mesmo pode ser dito sobre a Libras) que ela é um

> balaio de gatos, em que dentro há vários tipos de gatos: machos, fêmeas, brancos, pretos, malhados, grandes, pequenos, adultos, idosos, recém-nascidos, gordos, magros, bem-nutridos, famintos etc. Cada um desses gatos representa uma variedade do português falado no Brasil, tendo como base a gramática específica, estruturada e funcional.

A seguir, exploramos de forma sucinta alguns aspectos da variação linguística, para colaborar e enriquecer o conhecimento do leitor sobre a Libras. Iniciamos com um exemplo de aspecto geográfico relacionado a moradores de regiões fronteiriças, usando dois idiomas que, em contato, se enriquecem mutuamente, ocasionando, muitas vezes, empréstimos linguísticos, entre outras influências. Um exemplo de empréstimo linguístico entre línguas de sinais fronteiriças pode ser visto na Figura 5.3, a seguir.

Figura 5.3 – Sinal para a palavra *aventura*

Esse sinal foi incorporado à Libras a partir do contato com a língua de sinais argentina (LSA), que permitiu a incorporação desse sinal sem modificação da estrutura e funcionalidade, permitindo o enriquecimento linguístico da Libras a partir de um sinal presente na LSA.

O segundo aspecto que destacamos está vinculado aos ambientes urbano e rural, bem como à forma pela qual os usuários dessas regiões fazem uso da Libras. Observe a Figura 5.4.

Figura 5.4 – Sinal para a palavra *boi* (sinalizado no meio urbano)

As expressões não manuais (ENMs) se relacionam com as expressões faciais e corporais para a construção do sinal, sendo este um aspecto importante e indispensável durante a evolução da Libras no Brasil. Na Figura 5.4, a sinalizante faz o sinal para *boi* com uma expressão facial séria, remetendo vagamente à expressão que o próprio animal tem, levando em conta as experiências que a população urbana tem com este animal, que é distante e mais comercial, já que ela não convive cotidianamente com bois.

Figura 5.5 – Sinal para a palavra *boi* (sinalizado no meio rural)

Já na Figura 5.5, é visível a expressividade (facial e corporal) da sinalizante, que poderia ser explicada pelo fato de os moradores do meio rural terem uma relação muito mais frequente com o animal. Esse exemplo nos ajuda a pensar que as experiências colaboram para a relação dos usuários com a língua e seu modo de sinalizar.

Com relação à faixa etária dos falantes de Libras, selecionamos uma frase para nos ajudar a refletir sobre aspectos diacrônicos[4]. A sentença é "Olá, tudo bem?" e sua representação será abordada considerando surdos com idade mais avançada e surdos mais jovens. Veja, primeiramente, a Figura 5.6.

4 Concepção linguística que estuda a evolução da língua ao longo do tempo.

Figura 5.6 – Sinal para a sentença "Olá, tudo bem?" (sinalizado por surdos com idade mais avançada)

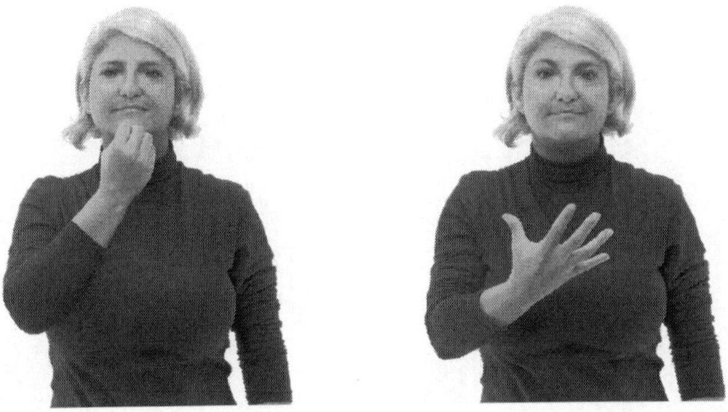

Quadros e Stumpf (2009) discutem que a população surda com idade mais avançada (faixa etária de 60 anos), cujos membros são nomeados como "surdos de primeira geração", realizam formas próprias de dizer se comparadas às formas utilizadas pelos mais jovens. Na Figura 5.6, a sinalizante representa a sentença "Olá, tudo bem?" conforme os surdos da primeira geração. Essa forma de cumprimentar tem sido socializada pela/na comunidade surda nas diversas regiões do Brasil.

Figura 5.7 – Sinal para a sentença "Olá, tudo bem?" (sinalizado por surdos mais jovens)

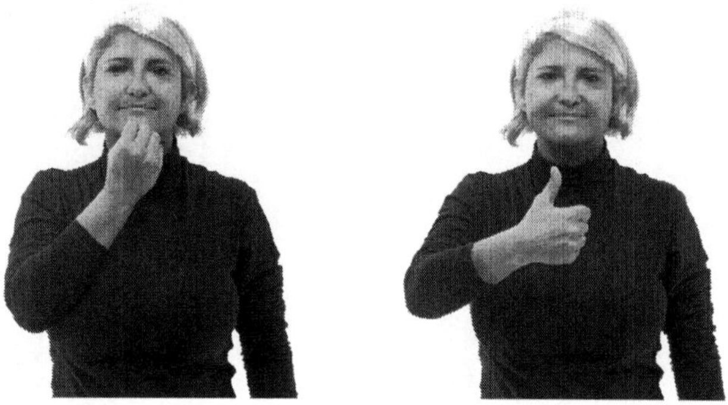

Já a Figura 5.7 mostra uma forma diferente de realizar o mesmo cumprimento. Essa forma é mais usada por surdos mais jovens (adolescentes e adultos jovens). Perceba que o sinal de partida é bastante semelhante, mas a forma de finalizar o cumprimento é modificada. As duas formas são compreendidas como cumprimentos em Libras, mas uma é mais frequente entre usuários mais velhos, e a outra, mais comum aos usuários mais jovens.

Com relação ao grau de escolaridade, salientamos que, em geral, os surdos que alcançam maior grau de instrução apresentam uma sinalização mais diversificada e ampla, já que as experiências educacionais os colocam em contato com um grande conjunto de informações, exigindo um vocabulário maior em relação àquele usado na vida cotidiana.

No que se refere aos fatores gênero e mercado de trabalho, a literatura disponível no campo não indica variações linguísticas a eles relacionadas. É de se esperar que elas existam, mas precisamos de mais pesquisas nesse campo. Quando conversamos com surdos que atuam em diferentes profissões, podemos identificar o uso de sinais específicos da área em que trabalham, já que cada esfera comercial tem seu próprio jargão profissional. Um usuário pode fazer uso desse jargão em sua vida cotidiana e, por isso, nem sempre ser bem compreendido pelo outro usuário, e isso é comum nas práticas linguísticas.

Por fim, destacamos o fator tecnológico nas questões relativas à variação linguística. No uso do Facebook, os vídeos podem ser inseridos para serem visualizados por um amplo grupo de usuários ou, ainda, por grupos de usuários mais restritos. Assim, na abertura dos vídeos, é comum observarmos uma saudação típica que se ajusta ao número de destinatários: "Olá a todos" (número mais restrito) ou "olá para todo o Brasil" (grupos mais amplos). Essa característica de saudar se tornou uma forma típica dos vídeos nas redes sociais. Mais estudos podem indicar novos modos de dizer formatados para esse ambiente virtual, indicando modos específicos de a língua se organizar.

Esses exemplos ilustram e reafirmam que a Libras funciona como qualquer outra língua, apresentando regionalismos (variações), neologismos (palavras novas criadas por seus usuários) e, por isso mesmo, está em constante transformação e criação. Algumas das variações regionais serão encontradas nos dicionários de Libras, ao passo que outras não, porque as pesquisas voltadas para a dicionarização da Libras ainda são recentes, e muitos itens lexicais ainda não foram registrados.

Síntese

Neste capítulo, explicamos de que maneira a Libras surgiu historicamente e como se disseminou pelo território brasileiro. Também analisamos as formas a partir das quais a Libras, apesar de ter menor abrangência nacional, exibe suas variações linguísticas, a exemplo do que ocorre com as línguas orais.

É o uso da Libras pelas comunidades surdas em todo o país que consolidará ou não formas novas de expressão nessa língua de sinais e que favorecerá ou não tais registros em dicionários e gramáticas. Os teóricos interessados na descrição das línguas trabalham tão somente com a materialidade da língua que se apresenta nas relações sociais. Na concepção de Tuxi (2015), quanto mais a comunidade surda se inserir e participar dos diferentes espaços na/da sociedade, mais seus integrantes serão impulsionados para a produção de novos conceitos e termos na Libras. Consequentemente, será cada vez mais importante refletir sobre a sistematização e padronização dessa língua em construção.

Sabemos que é necessário ampliar os estudos nessa área para que possamos evitar falsas interpretações ou equívocos sobre a Libras, seu uso e sua autenticidade enquanto língua. Nessa direção, compreenderemos mais e melhor como essa língua é utilizada em todo o território brasileiro.

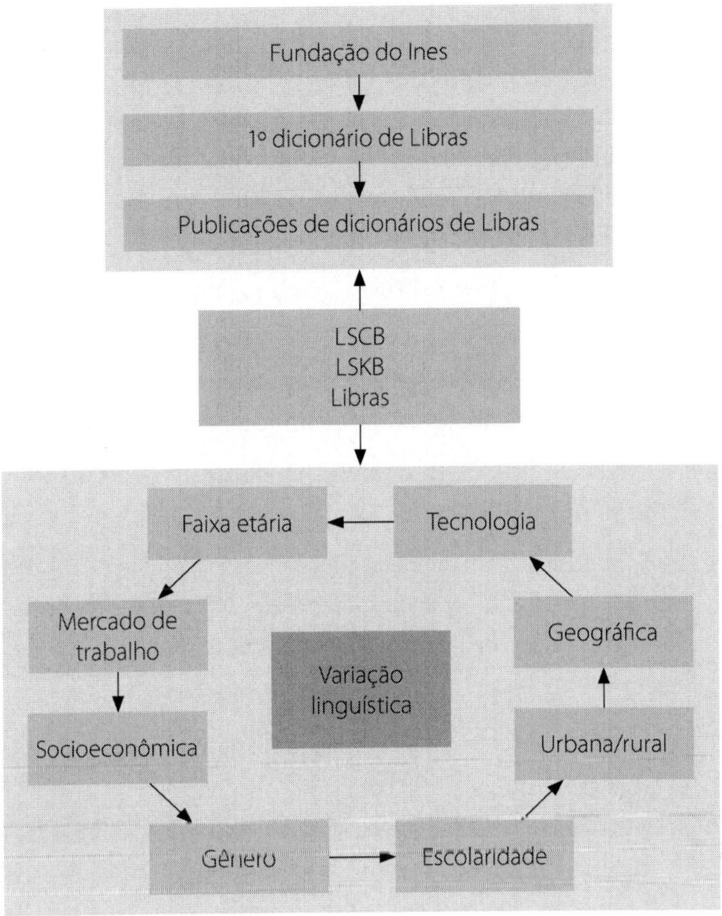
Fundação do Ines
1º dicionário de Libras
Publicações de dicionários de Libras
LSCB
LSKB
Libras
Faixa etária
Tecnologia
Mercado de trabalho
Geográfica
Variação linguística
Socioeconômica
Urbana/rural
Gênero
Escolaridade

Indicações culturais

ANA. Direção: Mariana Magnavita. Brasil/Reino Unido, 2004. 11'54".

Esse curta retrata o momento em que uma menina surda do semiárido nordestino descobre a vida para além das fronteiras de seu casebre.

PORTAL PONTO LIBRAS. Disponível em: <http://www.pontolibras.com.br/glossario/>. Acesso em: 7 fev. 2019.

LIBRAS GERAIS. Disponível em: <http://librasgerais.com.br/materiais-inclusivos/glossario.php>. Acesso em: 7 fev. 2019.

DICIONÁRIO LIBRAS. Disponível em: <http://www.dicionariolibras.com.br/>. Acesso em: 7 fev. 2019.

Essas indicações contemplam dicionários e páginas com informações sobre o universo da Libras. Não deixe de conferir para aprimorar seu escopo de conhecimentos nessa língua.

Atividades de autoavaliação

1. O que significa a sigla LSCB?
   a. Linguagem de Signos das Capitais Urbanas Brasileiras.
   b. Linguagem de Signos dos Centros Urbanos do Brasil.
   c. Língua de Signos das Cidades do Brasil.
   d. Língua de Sinais dos Centros Urbanos Brasileiros.

2. Como a língua de sinais foi difundida a partir do Ines?
   a. A língua de sinais foi difundida pelas mãos dos ex-alunos do Imperial Instituto de Surdos-Mudos do Rio de Janeiro.
   b. A língua de sinais foi difundida pelas mãos dos professores do Imperial Instituto de Surdos-Mudos do Rio de Janeiro.
   c. A língua de sinais foi difundida pelas mãos dos médicos e ortofonistas do período imperial.
   d. A língua de sinais foi difundida pela Igreja Católica.
3. Como Flausino José da Costa Gama é considerado?
   a. Como o precursor da primeira impressão em litografia no Brasil.
   b. Como o primeiro desenhista de língua de sinais no Brasil.
   c. Como o primeiro surdo repetidor do Imperial Instituto de Surdos-Mudos.
   d. Como o precursor da dicionarização da língua de sinais no Brasil.
4. Com relação às línguas de sinais atualmente utilizadas no Brasil, é possível afirmar:
   a. Existe uma língua de sinais no território brasileiro: apenas a Libras.
   b. Existem pelo menos duas línguas de sinais em circulação no território brasileiro.
   c. Não existem línguas de sinais no Brasil.
   d. Existem duas línguas: a língua de sinais internacional e a língua brasileira de sinais.

5. Sobre os fatores linguísticos (variação linguística) apresentados no capítulo, é possível afirmar:
   a. Faixa etária, tecnologia, localização geográfica, mercado de trabalho, distribuição socioeconômica, gênero e escolaridade não são fatores que contribuem para as variações.
   b. A Libras não apresenta regionalismos (variações) e neologismos.
   c. Faixa etária, tecnologia, localização geográfica, mercado de trabalho, distribuição socioeconômica, gênero e escolaridade são fatores pertencentes ao campo da variação linguística.
   d. A Libras apresenta menos regionalismos que as línguas orais.

Atividades de aprendizagem

Questões para reflexão

1. Analise a imagem a seguir e, de acordo com as reflexões levantadas no texto, discuta a questão da variação linguística no contexto que ela exprime.

2. Em sua opinião, qual é a importância de elaborar um dicionário ou glossário de língua de sinais? Discuta com colegas a esse respeito e exponha seu posicionamento em um texto simples.

Atividade aplicada: prática

1. Para ampliar o conhecimento sobre a Libras e a surdez, assista a um vídeo do canal Comédia da Vida Surda, disponível na página da TV Ines, especializada no público falante de Libras, e leia o texto sobre o Ines. Em seguida, elabore um fichamento abrangendo o aspecto sobre variação linguística e a história da língua de sinais no Brasil.

TV INES. **Comédia da vida surda**. Disponível em: <http://tvines.com.br/?page_id=4587>. Acesso em: 7 fev. 2019.

INES – Instituto Nacional de Educação de Surdos. **Conheça o Ines**. Disponível em: <http://www.ines.gov.br/index.php/conheca-o-ines>. Acesso em: 7 fev. 2019.

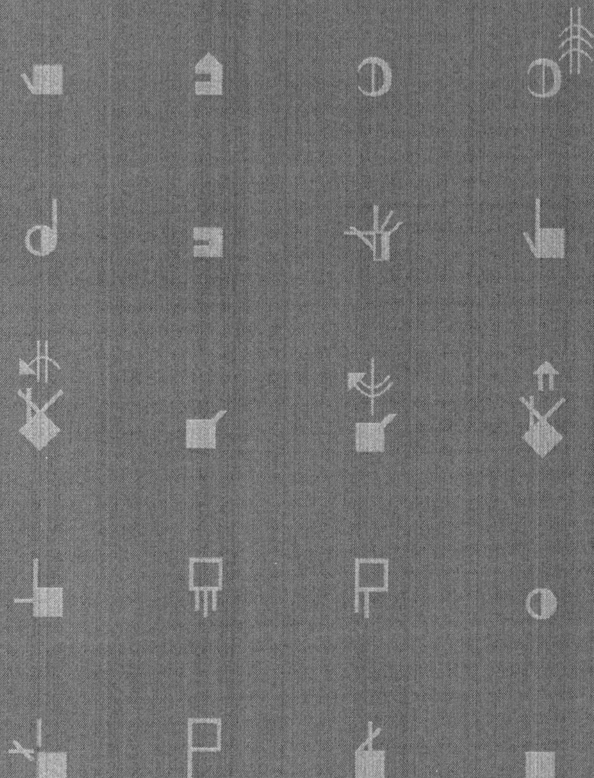

capítulo seis

Libras no contexto educacional

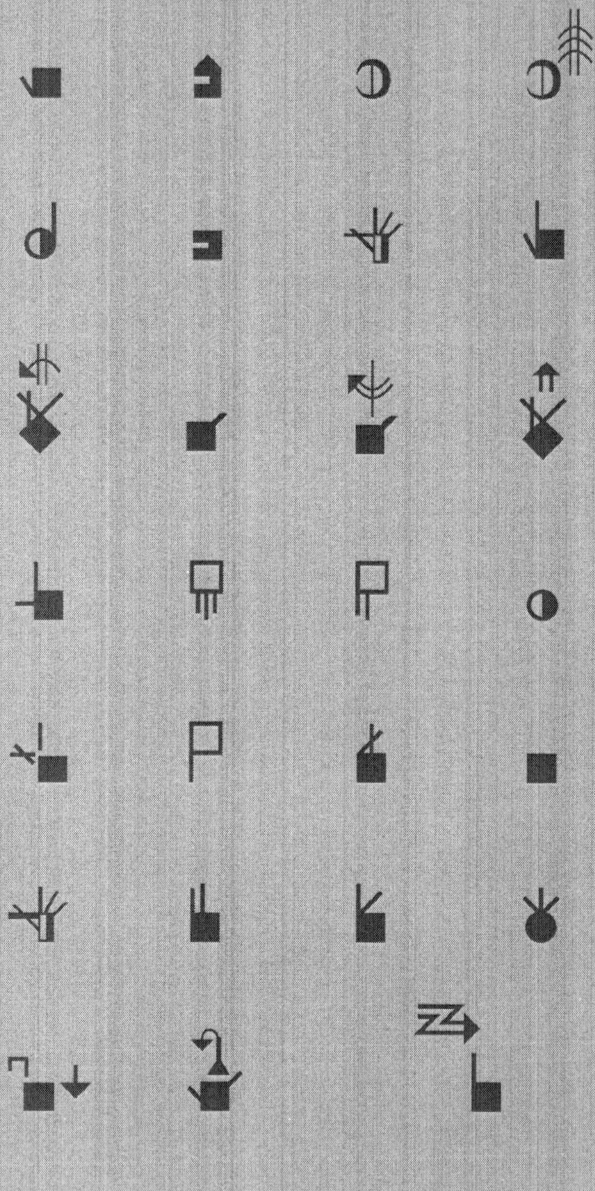

Vanessa Regina de Oliveira Martins
Sarah Leite Lisbão

Neste capítulo, abordamos a história da educação da pessoa surda e as principais filosofias educacionais direcionadas ao trabalho com alunos surdos. Organizamos um panorama histórico na educação de surdos, contextualizando as ações atuais no âmbito escolar, as políticas educacionais voltadas para a educação bilíngue, bem como as tensões em relação à educação inclusiva de alunos surdos e as propostas almejadas pelas comunidades surdas numa perspectiva bilíngue. Esperamos que o capítulo favoreça o entendimento histórico e político envolto com a temática da educação de surdos, além de que, ao final da leitura, o texto ofereça bases teóricas para analisar as políticas atuais e as correntes filosóficas disseminadas nos mais variados espaços educacionais.

6.1 Iniciando nossa conversa

É tal a força da solidariedade das épocas que os laços de inteligibilidade entre elas se tecem verdadeiramente nos dois sentidos. A incompreensão do presente nasce fatalmente da ignorância do passado. Mas talvez não seja mais útil esforçarmo-nos por compreender o passado, se nada sabemos do presente.

March Bloch, 1987

Apresentar o contexto educacional das pessoas surdas e a entrada da língua brasileira de sinais (Libras) no espaço escolar não seria tarefa fácil. Todavia, a reflexão dessa temática é um desafio importante, quando pensamos na formação de educadores que terão contato com alunos surdos em suas salas de aula e que precisarão refletir sobre práticas de ensino frente a essa nova realidade.

Você já parou para pensar que a educação de pessoas surdas não pode ser pensada da mesma forma que a educação de uma pessoa que ouve? Isso parece comum de se dizer, mas, na prática, há uma imensa dificuldade de se concretizar. Além disso, quais são os problemas de uma educação pensada de modo igual para pessoas surdas e ouvintes? Rapidamente, diríamos que a grande questão está na diferença linguística.

Todavia, para uma resposta mais elaborada, é necessário assegurar que se tenha conhecimento de que a Libras é, de fato, uma língua, reconhecida nacionalmente por meio da Lei n. 10.436, de 24 de abril de 2002 (Brasil, 2002) e regulamentada pelo Decreto n. 5.626, de 22 de dezembro de 2005 (Brasil, 2005). Citando diretamente a legislação, verificamos:

> Art. 1º É reconhecida **como meio legal de comunicação e expressão a Língua Brasileira de Sinais** – Libras e outros recursos de expressão a ela associados.
>
> Parágrafo único. Entende-se como Língua Brasileira de Sinais – Libras a forma de comunicação e expressão, em que o sistema linguístico de natureza visual-motora, **com estrutura gramatical própria**, constituem um sistema linguístico de transmissão de ideias e fatos, oriundos de comunidades de pessoas surdas do Brasil. (Brasil, 2002, grifo nosso)

Talvez você esteja se questionando qual é a relação dessas leis com as questões apontadas anteriormente sobre a educação de pessoas surdas. Como resposta, afirmamos: tudo! Primeiramente, elas são reflexos das mudanças escolares atuais e de pesquisas que visam a uma educação bilíngue de surdos. Também, promovem um repensar nas políticas educacionais voltadas às pessoas surdas e sua acessibilidade linguística. Contudo, esperamos que, ao final deste capítulo, você possa responder a essas questões usando os conhecimentos históricos que vamos apresentar sobre a educação de surdos e a Libras.

Para iniciar esse percurso histórico e o entendimento da complexidade da educação de surdos, recorremos exatamente às leis supracitadas, por serem elas, como mencionado anteriormente, ponto de convergência na discussão da construção de uma escola em que a Libras ganha espaço e centralidade nas práticas escolares e de ensino.

Isso significa que a Libras deve estar na escola como direito de mediação de instrução para a pessoa surda. Isso já é indício de uma mudança de proposta, uma vez que a escola regular sempre trabalhou com a língua portuguesa como língua de instrução escolar, voltando-se exclusivamente ao público que ouve. Ter que lidar com a instrução pela Libras é, sem dúvida, uma tarefa inovadora e desafiante. Além disso, se a Libras é uma língua reconhecida cientificamente por meio de inúmeras pesquisas (Brito, 1993, 1995; Perlin, 1998; Souza, 1998; Quadros; Karnopp, 2004), foi seu reconhecimento legal que gerou ações governamentais e políticas educacionais as quais veremos a seguir.

Portanto, atualmente, a discussão sobre o uso e a importância da Libras sai da academia, desse ambiente de pesquisas, e passa a circular nas esferas sociais, dentre elas, as instituições de ensino. A Libras como língua de instrução para pessoas surdas, com seu respaldo legal, necessariamente representa mudanças na dinâmica escolar e curricular. Mais adiante, tratamos dessas questões e dos desafios atuais para a implantação de programas educacionais bilíngues para surdos nas escolas comuns e a manutenção e ampliação de escolas bilíngues (conhecidas comumente como escolas de surdos).

Por hora, apresentamos os abalos e as mudanças históricas que dizem respeito ao contexto educacional no campo da surdez. Vale ressaltar que ao modo da perspectiva de Michel Foucault (1979), a história não é linear, mas, sim, efeito de relações de poder e saber que culminam em diferentes práticas. É com esse olhar que o autor alerta para os questionamentos sociais sobre as práticas naturalizadas historicamente, sendo que "só os conteúdos históricos podem permitir encontrar a clivagem dos confrontos, das lutas que as organizações funcionais ou sistêmicas têm por objetivo mascarar" (Foucault, 1979, p. 170).

Desse modo, as ações e os discursos estão pautados em verdades difundidas socialmente e que se articulam aos dispositivos escolares, como parte da maquinaria social, mas camuflados na dinâmica cotidiana. Como efeito, as ações mudam segundo novas concepções e novos saberes. São esses saberes circulantes que serão trabalhados neste capítulo, de modo a revelarmos práticas, propostas e ações dentro das políticas educacionais voltadas à pessoa surda.

Isso significa que não há ações perpetuadas infinitamente, sem alterações. Pelo contrário, há movimentos e lutas constantes para novas práticas sociais, configurando novos saberes. Isso dito, afirmamos a presença da comunidade surda na luta pela aparição da língua de sinais e de seus saberes, afrontando os modos impostos de vida e de uso da língua oral, por exemplo (Luz, 2013). As mudanças na educação de surdos se deram por meio de lutas sociais que colocaram em cena um novo modo de pensamento sobre a surdez, o surdo e sua língua; isso porque os surdos enfrentaram e resistiram à imposição dos ouvintes sobre seus corpos, seu modo de vida e a forma de relação de suas aprendizagens produzida pela visualidade.

Segundo Luz (2013, p. 41), "quem vive uma língua de maneira inteligível e irrestrita, tanto no sentido cultural quanto sensorial, tem facilitadas experiências de aparição". Isto é, um surdo que pode utilizar uma língua que já de início não lhe confere nenhum impedimento sensorial, sem dúvida se sente incluído e mais realizado no grupo social.

Ocorre que essa "aparição", proposta por Luz (2013), não ocorre de maneira simples, muito menos no interior da escola. Isso porque presentificar a Libras e os aspectos culturais das pessoas surdas no interior das práticas educacionais é desafio vigente e que se dá por fatores humanos, por ideias circulantes, por uma padronização do como e o que se ensina na escola, e, principalmente, da língua de instrução que deve se manter. Vale ressaltar a primazia para o uso e circulação da língua oral portuguesa no Brasil. Poucos são os espaços de uso da língua de sinais, o que reforça a luta pela sobrevivência linguística desse grupo minoritário que "aparece" por meio desse idioma (Luz, 2013).

Pois bem, a seguir abordamos o desafio de contextualizar o cenário educacional no campo da surdez até os dias atuais, uma vez que estamos tratando das lutas políticas para a aparição da diferença. Ressaltamos a escolha de alguns momentos históricos os quais julgamos ser significativos para pensar mudanças discursivas e práticas metodológicas assumidas em muitas escolas. Cada saber sobre o surdo e a sua língua repercute em ações afirmando modos de subjetividades ou de possíveis existências para as pessoas surdas, marcadas por e dentro desses discursos.

6.2 Um pouco sobre a história da educação de surdos

Historicamente, a educação de surdos vem sendo marcada por discursos que buscam tratar os surdos pelo olhar do reparo, baseados pela norma ouvinte, ou seja, a falta de audição é tomada por um viés negativo, pelo qual se opera a tentativa de correção desse sujeito por meio de práticas fonoaudiológicas: o aprender a falar está entre as tarefas desejadas de modo geral. Passeando pela história da educação de surdos, veremos algumas lutas e buscas por mudanças.

É preciso abandonar velhas concepções e alçar novas formas de ver o mundo; no entanto, reconhecer o passado e as lutas vividas é uma maneira de estar atento às ações no presente e buscar outras formas de existência, talvez mais justas – no caso das pessoas surdas. Quem sabe, possibilitar, no mínimo, novos discursos e outros saberes sobre a surdez, o corpo surdo e a língua de sinais.

Para nosso passeio histórico na educação de surdos, será necessário fazer uma breve retrospectiva. Sabemos que durante a Antiguidade e por quase toda a Idade Média pensava-se que os surdos não fossem educáveis, ou, pior, que fossem imbecis. Tais ideias estavam baseadas na visão aristotélica de que a fala se atrelava ao ato de pensar, portanto, um sujeito que não falasse estava necessariamente condicionado ao não pensamento, ao não uso da linguagem. A busca pela cura da surdez, do mal ao corpo e da impotência que ela trazia ao sujeito, que biologicamente era impedido de ouvir, foram chaves de leitura para esse momento social, travando vários desdobramentos práticos desses saberes postos em funcionamento (Lacerda, 1998b).

No início do século XVI, surgiram ações e discussões segundo as quais os surdos poderiam aprender por meio de procedimentos pedagógicos sem que houvesse interferências sobrenaturais ou curas milagrosas da surdez. Muitos foram os relatos de educadores que se dispuseram a trabalhar com surdos e apresentaram diferentes resultados por meio dessas práticas pedagógicas. O foco principal da educação das pessoas surdas era o desenvolvimento de seu pensamento, a aquisição de conhecimentos e, por fim, a comunicação com o mundo ouvinte. O caminho para isso era o ensino da fala e a compreensão da língua falada. Podemos dizer que a fala, nesse período, era considerada uma estratégia, em meio a outras, de se alcançar o seguinte objetivo: desenvolver o pensamento e, consequentemente, adquirir linguagem, já que, sob essa ótica, a pessoa surda estava privada de seu desenvolvimento global por não ouvir.

Todavia, as técnicas usadas para o ensino de surdos eram guardadas de modo silencioso. O segredo de tais ações nos permite saber pouco sobre as estratégias utilizadas nesse período. Os surdos de famílias nobres eram acompanhados por professores particulares, para que a fala lhes fosse ensinada. Assim, tais surdos poderiam ter garantidos seus direitos legais. Pedro Ponce de Leon é reconhecido como o primeiro professor de surdos narrado e registrado historicamente.

É notório o quanto a fala se tornava fundamental na vida da pessoa surda. Aqueles que não conseguissem desenvolver a oralidade estavam fadados à segregação e ao não uso de seus direitos sociais (Lacerda, 1998b). A cidadania nessa época estava atrelada à condição de uso da oralidade, o que agregava poucos avanços para a derrubada da concepção aristotélica de que o pensamento se desenvolvia pela oralidade. E, mais, tal mentalidade levou à concepção de que para ser "humano", seria preciso desenvolver a fala, pois a linguagem oral era a base para o desenvolvimento da atividade do pensar.

Vale ressaltar que além da atenção dada à fala, os alfabetos manuais – formas manuais com possíveis relações entre letras e gestos, criados pelos professores de surdos – eram usados como estratégia de incentivo à leitura e escrita e, consequentemente, ao ensino da oralidade. Portanto, todas as técnicas inventadas pelos educadores nesse período visavam a levar o aluno surdo ao universo da leitura e escrita e, por fim, ao aprendizado da fala.

A leitura labial também era usada como estratégia de incentivo à aprendizagem dos surdos. Nesse período, tinha-se em mente que "a aquisição da linguagem oral é pré-requisito para a aquisição da linguagem escrita e, por isso, é dada a maior ênfase nas atividades de treinamento dos órgãos fonoarticulatórios e aproveitamento dos resíduos auditivos". (Soares, 1999, p. 2). O ensino dos outros conteúdos escolares ficava em segundo plano, uma vez que o objetivo primordial era a atenção ao desenvolvimento da linguagem oral para fazer do surdo um cidadão. Infelizmente, pouca coisa mudou na atualidade, como ainda veremos.

Soares (1999, p. 24), em sua pesquisa, afirma:

> Uma das premissas com que inicialmente trabalhei dizia respeito à predominância dos procedimentos clínicos na educação de surdos, e que, possivelmente teria feito com que a questão da escolaridade fosse colocada em segundo plano. Isto é, ao conteúdo escolar não era dada a mesma importância que se dava aos exercícios específicos, considerados pré-requisitos para adquirir a linguagem oral.

Registros apontam que poucos surdos se beneficiaram desse trabalho – precisamente, os de famílias mais abastadas – e, ainda, nem todos os surdos tinham facilidade para se desenvolver por meio dos procedimentos restritos mediados pela língua oral e leitura labial. Muitos não tiveram acesso a esses espaços de interação escolar direcionado ao atendimento mais individual. Segundo Lacerda (1998b), a falta de uso de uma língua oral efetiva e a "naturalidade" de desenvolvimento comunicativo por meio de uma língua gestual, não havendo nenhum impedimento orgânico para tal uso, pode ter facilitado em espaços de encontros de surdos o uso de um sistema gestual de comunicação.

A partir desse momento, surgiram duas correntes distintas de pensamento, o **oralismo** e o **gestualismo**, que cindiram o modo de pensar a educação de surdos e, em decorrência, desencadearam nas abordagens educacionais que circulam nos dias atuais o oralismo, a comunicação total e o bilinguismo, elementos que veremos mais adiante.

De modo geral, o que o oralismo e o gestualismo traziam de divergências? O uso do gesto como forma de comunicação para e entre surdos. Embora, no século XVI, as práticas oralistas, isto é, o ensino fundamentado na oralidade fosse o mais usado, no decorrer do século XVIII, as práticas gestualistas começaram a despontar. Mesmo ainda vinculadas ao funcionamento da gramática das línguas orais, a prática gestualista gerou respeito à singularidade surda, que, por não ouvir, podia exercer e se constituir por meio da visão. A comunicação por um sistema gestual certamente é bem mais fácil de ser aprendida, bem como para se estabelecer interações sociais entre sujeitos que não ouvem. Parece óbvio, não? Mas a história nos mostra contradições. Sobre isso Lacerda (1998b) afirma:

> Em seu início, no campo da pedagogia do surdo, existia um acordo unânime sobre a conveniência de que esse sujeito aprendesse a língua que falavam os ouvintes da sociedade na qual viviam; porém, no bojo dessa unanimidade, já no começo do século XVIII, foi aberta uma brecha que se alargaria com o passar do tempo e que separaria irreconciliavelmente oralistas de gestualistas. Os primeiros exigiam que os surdos se reabilitassem, que superassem sua surdez, que falassem e, de certo modo, que se comportassem como se não fossem surdos. Os proponentes menos tolerantes pretendiam reprimir tudo o que fizesse recordar que os surdos não poderiam falar como os ouvintes. Impuseram a oralização para que os surdos fossem aceitos socialmente e, nesse processo,

> deixava-se a imensa maioria dos surdos de fora de toda a possibilidade educativa, de toda a possibilidade de desenvolvimento pessoal e de integração na sociedade, obrigando-os a se organizar de forma quase clandestina. Os segundos, gestualistas, eram mais tolerantes diante das dificuldades do surdo com a língua falada e foram capazes de ver que os surdos desenvolviam uma linguagem que, ainda que diferente da oral, era eficaz para a comunicação e lhes abria as portas para o conhecimento da cultura, incluindo aquele dirigido para a língua oral. Com base nessas posições, já abertamente encontradas no final do século XVIII, configuram-se duas orientações divergentes na educação de surdos, que se mantiveram em oposição até a atualidade, apesar das mudanças havidas no desdobramento de propostas educacionais. (Lacerda, 1998b)

O posicionamento gestualista para o ensino de surdos ganhou visibilidade e teve início através do "método francês" de educação. O abade Charles-Michel de l'Épée foi o primeiro a estudar uma língua de sinais usada por surdos, com atenção para suas características linguísticas, criando os chamados "sinais metódicos", mesclas da estrutura da língua francesa e da língua de sinais que aprendeu com os surdos.

A grande diferença desse posicionamento é que de l'Épée utilizava sinais na comunicação com surdos e por meio dos sinais metódicos realizava o ensino de leitura e escrita. Seu modo de pensar se disseminou por toda a Europa e ganhou seguidores que defendiam o gestualismo, ou seja, um ensino de surdos no qual se garantia a presença de gestos (das línguas de sinais), tornando a aprendizagem mais significativa. A disseminação de seu método de ensino teve grande repercussão porque, diferente dos seus contemporâneos, de l'Épée não mantinha suas práticas em sigilo.

Universal History Archive/Getty Images

Abade Charles-Michel de l'Épée (1712-1789)

Ressaltamos que o abade Charles--Michel de l'Épée foi sensível ao perceber nas interações entre surdos que o uso de um sistema gestual funcionava bem para a comunicação. Por isso, ele considerou que esse seria o caminho para a educação de surdos. Nos dias atuais, o abade ainda é homenageado pelas comunidades surdas, por sua sensibilidade em relação à comunicação apoiada pelo canal visuo-gestual, bem como pelo interesse de estar em contato com surdos para viabilizar esse aprendizado (Soares, 1999).

Seguindo o curso descritivo, nesse mesmo momento histórico, professores oralistas mantinham práticas contrárias às veiculadas pelo abade, bem como por Pereira, em Portugal, e Samuel Heinicke (Lacerda, 1998b), na Alemanha, criando rivalidades e oposições do modo de pensar e praticar o ensino de surdos:

> Heinicke é considerado o fundador do oralismo e de uma metodologia que ficou conhecida como o 'método alemão'. Para ele, o pensamento só é possível através da língua oral, e depende dela. A língua escrita teria uma importância secundária [...]. Os pressupostos de

Heinicke têm até hoje adeptos e defensores. (Lacerda, 1998b)

Com todas essas disputas e saberes em circulação, no final do século XIX, em 1880, em Milão, na Itália, foi realizado o II Congresso Internacional, com a finalidade de discutir qual seria o melhor método de ensino para surdos. O evento mencionado é muito citado entre as comunidades surdas, justamente, por marcar uma prevalência e imposição da prática oralista no mundo todo: prática escolhida majoritariamente por ouvintes que votaram "em massa" nesse congresso.

O uso de gestos na comunicação com surdos foi banido, dando lugar ao que ficou conhecido como método oral puro: o uso exclusivo da fala sem nenhum espaço para gestos e outros procedimentos que não direcionassem o aprendizado da comunicação oral (Soares, 1999). Esse evento é lembrado com grande pesar pelos surdos, pois os educadores surdos que atuavam na proposta gestualista ficaram proibidos de se manterem nessa função. O contato surdo-surdo não era visto com bons olhos, por "facilitar" a comunicação gestual, ou seja, a naturalidade de uso das mãos para a comunicação.

Assim, graças às decisões tomadas no Congresso de Milão, como o evento ficou conhecido, o mundo todo adotou o oralismo como referência, e a partir dele criaram-se práticas educacionais. É evidente que antes desse congresso já havia toda uma repercussão das práticas oralistas, o que culminou no curso do evento em si e na decisão educacional mais "adequada" – aos olhos dos ouvintes – para as pessoas surdas. Tal imposição trouxe sérias consequências. No entanto, foi após esse evento que a repercussão educacional por meio de políticas de ensino ganhou ainda mais evidência, através da prática do ensino oral como clivagem principal.

> Na segunda metade do século XIX, o oralismo foi ganhando maior número de adeptos. Entre eles, destaca-se Alexandre Graham Bell, que se opondo, com força, aos métodos gestuais, propõe o fim das escolas residenciais, a proibição de professores surdos, e indo além, a interdição por lei, de casamentos entre surdos. (Luchesi, 2003, p. 20)

A partir de então, a história marca os insucessos do oralismo no que concerne ao desenvolvimento oral das pessoas surdas. Consequentemente, houve um notório fracasso educacional dos surdos. Poucos se beneficiavam desse modo de ensino. Com efeito, iniciaram-se novas lutas e mudanças na perspectiva de uma retomada do uso dos gestos na educação, os quais, ao longo dos anos, foram reconhecidos como sistemas linguísticos de comunicação defendidos pelas comunidades surdas. No Brasil, a influência do método oral puro ganhou força e, como em todo o mundo, as práticas de ensino passaram a ser baseadas exclusivamente na oralidade. Os surdos que não se adequavam a esse modo escolar eram excluídos desse espaço, deixados à margem do sistema. A proposta educacional era: adequação, reparação do corpo surdo, normalização por meio da língua oral.

> A adoção de um método de ensino, voltado prioritariamente para a aquisição e compreensão da fala, passou a ser a solução para a educação de surdos. [...] A opção pelo oralismo na educação de surdos vinha, desta vez, acompanhada de um comportamento entusiástico pela sua educação. Através de um determinado método, os surdos seriam normalizados, e tornar-se-iam cidadãos iguais aos outros. (Soares, 1999, p. 80-81)

Iguais a quem? Por que medir o outro por um padrão de normalidade? Como as mudanças discursivas e conceituais ocorreram ao longo da história e quais foram suas implicações no Brasil? Seguindo os interesses de quem?

A história narrada aponta para uma forte prevalência do ensino da língua oral para os surdos, que veem nessa decisão uma forma de opressão, a qual acarreta uma recorrente invisibilização das pessoas surdas, ou ainda, sua não aparição, como aponta Luz (2013) em sua obra *Cenas surdas*. O questionamento e a petição pela aparição surda ocorrem e se mantêm nos dias atuais. Será que a história educacional de surdos ainda marca opressões linguísticas? Desses aspectos tratamos na sequência deste capítulo, quando abordamos as abordagens educacionais de surdos e as lutas por políticas educacionais bilíngues, de acordo com as quais a língua de sinais deve estar presente na escola. A história dos surdos é permeada por mudanças, o que ocorre à medida que há lutas para alterações de paradigmas e a entrada em cena da língua de sinais e do direito do surdo de viver suas diferenças.

6.3 Abordagens educacionais: oralismo, comunicação total e bilinguismo

Após um breve passeio sobre a educação de surdos e suas implicações no Brasil, analisamos as abordagens educacionais de surdos que refletiram práticas de ensino e a produção de um tipo de currículo voltado a determinados interesses. Você deve ter notado que a educação de surdos despertou, no decorrer dos séculos XVI ao XIX, interesses de médicos e religiosos. Os primeiros, preocupados com a anatomia da pessoa surda e as possíveis correlações da surdo-mudez, e os segundos, com a salvação das almas e a busca de uma comunicação que produzisse entendimento da palavra divina.

Desfeita a correlação da surdo-mudez, entendeu-se, a partir dos estudos empreendidos na anatomia, que a surdez não estava colada à mudez, e, portanto, os surdos teriam possibilidade de desenvolvimento oral através de técnicas reabilitatórias (Lacerda, 1998a, 1998b; Soares, 1999; Luchesi, 2003). Houve, assim, um investimento e uma ligação entre educação e saúde que perdura até os dias atuais. As abordagens que apresentamos aqui não ocorreram de modo linear na história. Uma foi "alterada" pela outra, mas, na correlação de suas existências, tais saberes se mantêm quando analisamos as práticas escolares vigentes. Embora haja prevalência em determinados momentos por uma ou outra prática, elas não deixam de existir, e nos dias atuais cada escola exerce um modo de pensar a educação de surdos, o que se reflete nas concepções arraigadas sobre o surdo, a língua que ele fala e as questões culturais da comunidade a que pertence.

Segundo Lacerda (1998b), no século XX se iniciaram maiores estudos sobre a língua de sinais. Com isso, reverberaram ações específicas na educação de surdos:

> Na década de 1960, começaram a surgir estudos sobre as línguas de sinais utilizadas pelas comunidades surdas. Apesar da proibição dos oralistas no uso de gestos e sinais, raramente se encontrava uma escola ou instituição para surdos que não tivesse desenvolvido, às margens do sistema, um modo próprio de comunicação através dos sinais. (Lacerda, 1998b)

Como mencionado anteriormente, o encontro entre surdos favorecia o contato e desenvolvimento de uma comunicação gestual. Desse modo, ainda que oficialmente as práticas escolares estivessem carregadas da concepção oral como forma ideal de comunicação, havia resistências da comunidade surda para a manutenção de suas diferenças por meio do uso dos sinais. Mais adiante, abordaremos o porquê de o século XX ser considerado fecundo para as discussões linguísticas da comunidade surda e para a aparição da língua de sinais e seu *status* linguístico na academia.

Passemos às definições sobre as três abordagens educacionais mencionadas neste capítulo. Primeiramente, apresentamos o **oralismo**. Como sugere o nome, conforme o que já estudamos anteriormente, o oralismo representou a abordagem que deu destaque ao ensino da oralidade para os surdos. Ainda que a escola deixasse de lado os conteúdos curriculares, a primazia era o desenvolvimento da fala. Diante de todo o processo histórico, tendências a práticas oralistas são notórias. Tivemos reflexos no Brasil e no mundo, influenciando escolas e programas educacionais, os quais perduram até hoje. Sob essa abordagem, o sujeito surdo é visto como deficiente, e a falta de audição pode ser reparada se esse indivíduo aprender a falar.

No campo educacional, as práticas se voltaram para estratégias de ensino da oralidade, deixando de lado outros conhecimentos que deveriam ser adquiridos na escola. O principal elemento para o sucesso do surdo nessa abordagem era a conquista da fala a qualquer custo. Muitos surdos consideram essa abordagem excludente do "ser surdo" (Perlin, 1998), na medida em que proporciona um ensino homogêneo e desvaloriza a língua de sinais e a cultura surda, que é visual. Portanto, a abordagem oralista tenta reformular o corpo surdo na forma de um corpo ouvinte através do ensinamento clínico que adentra o espaço escolar. Clínica e escola se tornam o mesmo espaço: o surdo frequentaria, assim, uma instituição na qual se ofereceriam condições de aprendizagem da fala, treinamentos orofaciais, entre outras técnicas que desenvolveriam a cidadania almejada pelo desenvolvimento oral.

Diante do insucesso de muitos surdos na escola por meio do oralismo, surgiu, por volta de 1990, outra abordagem, nomeada *comunicação total*. Reforçamos que apesar de apresentarmos didática e cronologicamente os períodos, as abordagens se fazem presentes em muitas práticas escolares. A comunicação total ainda é muito usada em escolas e por educadores. Embora se centralize ainda no desenvolvimento oral, é menos radical que o oralismo, ao permitir o uso de gestos, mímicas e outros recursos no ensino. Nessa filosofia, tudo vale para a comunicação. O lema dessa abordagem é: o uso de todos os recursos possíveis para o desenvolvimento da pessoa surda e consequentemente da oralidade.

> A oralização não é o objetivo em si da comunicação total, mas uma das áreas trabalhadas para possibilitar a integração social do indivíduo surdo. A comunicação total pode utilizar tanto sinais retirados da língua de sinais usada pela comunidade surda quanto sinais gramaticais modificados e marcadores para elementos presentes na língua falada, mas não na língua de sinais. Dessa forma, tudo o que é falado pode ser acompanhado por elementos visuais que o representam, o que facilitaria a aquisição da língua oral e posteriormente da leitura e da escrita. (Lacerda, 1998b)

Podemos dizer que a comunicação total possibilitou, de algum modo, o contato com gestos – o que era proibido pelo oralismo –, embora não em uma estrutura linguística apropriada, já que os sinais eram realizados de modo artificial e voltados à oralização. No entanto, em um ambiente informal dentro da escola, mas não nas salas de aulas, os surdos criaram espaços de convivências e de produção de comunicação por meio da língua de sinais. "Essas línguas são frequentemente usadas entre os alunos, enquanto na relação com o professor é usado um misto de língua oral com sinais" (Lacerda, 1998b).

Em 1960, Stokoe demonstrou do ponto de vista científico o caráter linguístico das línguas de sinais, ao estudar a língua de sinais americana (*American Sign Language* – ASL). Nela, ele identificou princípios estruturais semelhantes àqueles observados nas línguas orais. Isso modificou, no âmbito da ciência, o modo de compreender a língua de sinais e sua relação com o aprendiz surdo. Essa é a razão de terem ocorrido mudanças discursivas e avanços nas relações de empoderamento linguístico no século XX, conforme já apontado. Em vez de, apenas, ser representativa de gestos ou mímicas, a língua de sinais passou a valer como sistema linguístico, ou mesmo como uma representação gestual da língua, tal como os códigos manuais usados na abordagem da comunicação total.

> A primeira caracterização de uma língua de sinais usada entre pessoas surdas se encontra nos escritos do abade De L'Épée. Muito tempo se passou até que o interesse pelo estudo das línguas de sinais de um ponto de vista linguístico fosse despertado novamente, o que ocorreu nos anos 60 com os estudos de Willian Stokoe (1978). (Lacerda, 1998b)

Muitas lutas foram travadas para que as conquistas de estudos na academia pudessem se refletir em práticas escolares. Conforme já explicado, nas escolas, os surdos em espaços extraclasse usavam a língua de sinais. Todavia, na sala de aula, mesmo na abordagem da comunicação total, a língua de sinais não tinha uma centralidade no ensino, nem seu valor cultural merecido. Assim como no oralismo, a comunicação total recebeu várias críticas. Primeiramente, por não seguir uma linha metodológica de ensino única. Em segundo lugar, porque, ao usar vários recursos e mesclas entre a língua de sinais, gestos, leituras labiais, entre outras formas de comunicação, a criança surda sentia-se perdida e não desenvolvia nenhuma língua de fato. Relatos dessa abordagem apontam novamente para o insucesso escolar de crianças surdas. Foram, então, propostas novas buscas e outras formas de ensino.

Evidentemente, tudo isso ocorreu atrelado tanto aos estudos científicos sobre a surdez, a língua de sinais e a aquisição de linguagem, a qual deveria ocorrer o mais cedo possível, quanto às lutas das comunidades surdas espalhadas no Brasil e no mundo. Assim, novos discursos puderam ser introduzidos na busca de uma centralidade na língua de sinais e na diferença surda. Sabemos que o aprendizado da língua de sinais é diferente do aprendizado da língua oral por parte de estudantes surdos, dado que estes dependem de métodos sistematizados de ensino. Com isso, desenvolveu-se a proposta filosófica da abordagem bilíngue, que passou a ganhar solo fértil contrapondo-se ao oralismo de modo veemente.

O **bilinguismo** corresponde à defesa da aprendizagem de duas línguas: a língua de sinais como primeira língua a ser adquirida pela criança surda o mais cedo possível; e a língua oral do país como segunda língua na modalidade escrita. Logo, a escola passou a ser vista como um espaço para a construção de conhecimentos culturais através da língua de sinais. Para isso, seria necessário ter contato com adultos surdos o mais cedo possível.

> O modelo de educação bilíngue contrapõe-se ao modelo oralista porque considera o canal visogestual de fundamental importância para a aquisição de linguagem da pessoa surda. E contrapõe-se à comunicação total porque defende um espaço efetivo para a língua de sinais no trabalho educacional; por isso advoga que cada uma das línguas apresentadas ao surdo mantenha suas características próprias e que não se 'misture' uma com a outra. Nesse modelo, o que se propõe é que sejam ensinadas duas línguas, a língua de sinais e, secundariamente, a língua do grupo ouvinte majoritário. A língua de sinais é considerada a mais adaptada à pessoa surda, por contar com a integridade do canal visogestual. Porque as interações podem fluir, a criança surda é exposta, então, o mais cedo possível, à língua de sinais, aprendendo a sinalizar tão rapidamente quanto as crianças ouvintes aprendem a falar. (Lacerda, 1998b)

A educação bilíngue valoriza o sujeito surdo na sua diferença linguística e cultural, entendendo-o para além da deficiência e, além disso, considerando que o fato de não ouvir seja exatamente o que possibilita a experiência visual e a necessidade de outros modos de ensino. As comunidades surdas têm lutado para que existam escolas bilíngues com professores fluentes na língua de sinais. Neste livro, já acompanhamos que muitos surdos filhos de pais ouvintes não podem aprender a língua de sinais em casa. A escola, portanto, ganha esse papel de espaço para o desenvolvimento linguístico de crianças surdas que, ao adquirirem a língua de sinais o mais cedo possível, podem aprender os conteúdos curriculares por meio de uma comunicação real, sem impedimentos orgânicos.

Todavia, o bilinguismo, embora seja a abordagem mais almejada pelos surdos, não é exclusivo na prática. Ainda existem propostas escolares baseadas em outras abordagens, como o oralismo ou a comunicação total, trabalhando ou não com a língua de sinais como língua de instrução ou tendo maior direcionalidade à língua oral, o que depende das concepções de sujeito e linguagem assumidas.

6.4 Discussões atuais sobre a educação de surdos e a Libras no Brasil: respingos da história e as lutas das comunidades surdas

E no Brasil, como fica a questão da educação de surdos no interior das escolas? Caminhemos um pouco nisso nesse assunto!

Inúmeras discussões políticas envolvem a educação de pessoas surdas. Com o movimento da educação inclusiva, há muitas controvérsias sobre o fazer educacional de surdos. Após o ano de 1990, por questões políticas, a mudança na perspectiva da interação com pessoas deficientes espalhou-se pelo mundo todo. Com isso, surgiram ações mundiais desenvolvidas sobre a necessidade de uma proposta de escola que seja acessível "para todos". Esse pensamento gerou polêmicas principalmente na educação de surdos. O que seria uma escola para todos? A língua de sinais estaria nela?

A escola para todos nasceu como resultado do encontro em Jomtien (1990), por meio da produção de acordos compilados nos ideais disseminados na Declaração Mundial de Educação para Todos, buscando o acolhimento de todos os ditos "excluídos" da escola e sua (re)inserção na instituição escolar e na sociedade. O compromisso estabelecido neste encontro, que contou com a participação da Unesco e da Unicef, bem como com apoio do Banco Mundial e de várias outras organizações, partiu da diretriz de que toda pessoa tem direito à educação.

Esse evento, e as decisões e os compromissos nele assumidos, afetou diretamente o Brasil com tais concepções, que, apesar de justas, induzem a alguns desdobramentos não muito favoráveis para a educação de surdos. Após esse movimento, outras ações foram tomadas, mas foi por meio da Declaração de Salamanca, em 1994, que alguns direitos educacionais passaram a ser garantidos de forma mais precisa para as pessoas com deficiência: principalmente no âmbito escolar, por meio da ação da educação especial como modalidade transversal de ensino.

Esses movimentos, da "educação para todos" e das propostas advindas pela "Declaração de Salamanca", repercutiram na filosofia da educação inclusiva, numa perspectiva que visava à garantia de ingresso e permanência das pessoas com deficiência nas escolas comuns. Se para algumas deficiências essa proposta trouxe vantagens, para o campo da surdez trouxe muitas polêmicas. Estudar em escolas inclusivas pode parecer algo favorável politicamente, mas há controvérsias citadas pelas comunidades surdas, por conta das diferenças linguísticas e culturais entre surdos e ouvintes, diferenciando modos de ensino.

A escola inclusiva mantém como base de ensino a língua oral – no caso, a língua portuguesa. Consequentemente, exclui o surdo do direito ao aprendizado pela língua de sinais. Portanto, é precipitado dizer que o movimento surdo defende a exclusão ou segregação de pessoas surdas ao apontar problemas na inclusão. O que os integrantes da comunidade surda alegam é que na escola inclusiva há pouco espaço, de fato, acessível aos surdos, pois não há trocas entre surdo-surdo, e a maior parte dos professores não sabe a língua de sinais. Diante disso, como ensinar um surdo sem o uso da Libras? Retomaremos ao ensino exclusivo pela via oral aparentemente superado?

É certo que a língua de sinais não é adquirida sem contato com falantes dessa língua. Como ficam as questões educacionais descoladas das questões linguísticas? Posto isto, há a reivindicação da manutenção de escolas de surdos que se constituem como espaços bilíngues, nos quais a língua de sinais é ensinada como primeira língua, e a língua oral, como segunda língua, na modalidade escrita[1], com valorização e transição de ambas as línguas no espaço escolar.

A política nacional favorece a perspectiva inclusiva. Diante disso, a inclusão de pessoas surdas tem sido realizada por meio de intérpretes de língua de sinais, o que não representa as demandas da comunidade surda no que tange à educação básica. Afinal, o que fazem esses profissionais? Interpretam os discursos de uma dada língua para outra: no caso, da língua portuguesa, de instrução escolar, para a Libras.

Há, sobretudo, distintas formas de pensar a educação de surdos, o que repercute em práticas pedagógicas distintas. Sobre essas políticas, a presença do intérprete passa a ser garantida pelo Decreto n. 5.626, de 22 de dezembro de 2005 (Brasil, 2005) que regulamenta a Lei n. 10.436, de 24 de abril de 2002 (Brasil, 2002) e o art. 18 da Lei n. 10.098, de 19 de dezembro de 2000 (Brasil, 2000),

1 A primeira escola de surdos no Brasil foi o Instituto Nacional de Educação de Surdos (Ines), fundada em 1856, em meados do século XIX, pelo surdo francês E. Huet. O instituto passou por várias concepções e abordagens educacionais: oralismo, comunicação total e bilinguismo. Ver mais sobre a história do Ines no *link*: <http://www.ines.gov.br/index.php/conheca-o-ines>. Acesso em: 8 fev. 2019.

oferecendo-lhe o direito de acessibilidade linguística no espaço escolar. Assim, vemos o fortalecimento e uma maior procura pela atuação de intérpretes de língua de sinais nas escolas, atuando como suporte para a realização da "tal" educação bilíngue nos espaços inclusivos em que há surdos e ouvintes.

Por que, então, mencionar e problematizar a entrada do tradutor e intérprete de língua de sinais educacional (Tilse) na educação básica principalmente, se é proposta do documento legal? Porque o documento não propõe o Tilse nesta etapa de escolarização. No entanto, a educação de surdos tem sido gerenciada principalmente pelas mãos de intérpretes, e essa prática não é consensual nas comunidades surdas que querem uma escola para surdos com docentes fluentes em língua de sinais – portanto, docentes bilíngues.

Tem sido atribuída à figura do intérprete educacional a função de resolver os problemas educacionais de surdos. Como se ele, ao adentrar o espaço escolar, pudesse erradicar os problemas correlatos da própria inclusão, os quais ocorrem por uma política que prioriza o fato de estar junto (a permanência de corpos, ou de diferenças, em um mesmo espaço) em detrimento das mudanças estruturais e curriculares que particularizam e atendem às especificidades da surdez (Thoma; Lopes, 2004; Thoma, 2006; Lacerda, 2006, 2010; Martins, 2008; Martins, Souza, 2011).

Essa política inclusiva tem sido pouco frutífera às questões que envolvem o ensino de surdos: como as questões que envolvem a aquisição da língua de sinais o mais cedo possível, os desafios e as estratégias metodológicas de ensino de português escrito para surdos, o ensino de conteúdos curriculares pela Libras, a produção de materiais didáticos nessa língua, entre outras questões. Outro agravante é que no campo da educação "há uma visão estanque e instrumental de que a fala do professor é retida e pode ser automaticamente *passada* ao aluno, quando houver necessidade" (Martins; Souza, 2011, p. 76, grifo nosso) e, desta forma, não se promovem mudanças estruturais, já que se faz presente o pensamento de que a inclusão acontece por meio dessa "passagem" neutra, direta e precisa de transposição de discursos por um suposto agente que instrumentalmente se coloca como objeto de intermediação de "falas".

No entanto, o intérprete de língua de sinais não atua de modo neutro na tradução dos conteúdos de uma língua para outra. Ele participa das ações de ensino, muitas vezes sem formação específica. Ainda, o mais alarmante é salientar que tal profissional, de modo isolado, não dá conta de "resolver os problemas da inclusão", nem tem essa função (Lacerda, 2006, 2010).

Nos anexos do Plano Nacional de Educação (PNE), na meta 4.7, foram propostas três formas de ensino de surdos (Brasil, 2014): por meio de escolas bilíngues, classes bilíngues, e em escolas inclusivas. Tais propostas se referem a modos possíveis de organização das redes municipais e estatuais de ensino, levando em consideração as particularidades de cada cidade e as concepções defendidas. No entanto, destacamos a presença de, pelo menos, dois movimentos atualmente existentes que reivindicam os discursos e fazeres da chamada inclusão radical, que prioriza um ensino de surdos pelo modelo ouvinte, em prol de outras práticas.

O primeiro segue a petição de ativistas surdos e ouvintes que defendem a manutenção de escolas bilíngues, ou escolas de surdos, nos moldes do Ines, por exemplo. Eles defendem a exclusividade de estudantes surdos – embora não se proíba o ingresso de estudantes ouvintes que queiram uma instrução bilíngue em Libras/português –, a presença de professores fluentes na língua de sinais, modelos surdos para a aquisição da linguagem por crianças surdas – principalmente as filhas de pais ouvintes, as quais entram na escola ainda fazendo uso de gestos caseiros que se restringem ao atendimento de necessidades comunicativas primordiais da família.

O segundo movimento refere-se à criação de escolas-polos com salas bilíngues (para alunos surdos) em escolas comuns. Esse manifesto não se faz na contramão das concepções apresentadas para a manutenção das escolas de surdos, ou escolas bilíngues, conforme o primeiro movimento, mas propõe uma alternativa para municípios menores que não conseguem se organizar com escolas bilíngues. Além disso, tal proposta se faz por meio de um enfrentamento da realidade inclusiva, propondo outro tipo de escola "inclusiva" que seja, de fato, bilíngue e que sofra alterações profundas para a adequação de um espaço que acolha os surdos. As duas propostas não têm sido facilmente sustentadas, pois demandam muita luta para aprovação. Novamente, isso ocorre graças às concepções sociais de normalidade, bem como à padronização do ensino de surdos baseado no ensino para ouvintes.

Sobre o segundo modelo, cabe destacar projetos de escolas-polo de surdos em várias localidades do país. Destacamos algumas ações oferecidas no interior do Estado de São Paulo, em municípios distintos, assessorados por pesquisadores e estudiosos da área da surdez. Uma das pesquisadoras, Cristina B. F. de Lacerda, vem desenvolvendo ações voltadas para a produção de uma educação bilíngue de surdos nas escolas públicas. Destacamos, em especial, as assessorias realizadas nos municípios de Piracicaba, Campinas e, atualmente, São Carlos e São Paulo[2].

2 Esses projetos realizados sob supervisão da professora Cristina B. F. de Lacerda estão sendo mencionados porque há publicações espalhadas pela internet que exprimem o trabalho da pesquisadora. Todavia, sabemos de outras experiências também de sucesso em outras localidades do país que, ainda, não estão indicadas nos periódicos relacionados à área.

Tais projetos produziram novos conhecimentos sobre o cotidiano de escolas inclusivas e as possíveis mudanças para uma proposta bilíngue para surdos, além de práticas de ensino de surdos na escola inclusiva, com parceria de professores bilíngues, intérpretes de língua de sinais e instrutores surdos: uma equipe fundamental para o desenvolvimento do ensino de surdos e do sucesso da construção de uma escola bilíngue dentro da escola comum, muito diferente da proposta de escolas inclusivas que circulam.

Evidentemente, conforme a petição do primeiro movimento que recém-abordamos, é favorável trabalhar em prol da manutenção de escolas de surdos nos municípios que conseguem mantê-las. Todavia, em municípios que não comportam a estrutura de escolas de surdos, há que se pensar em salas bilíngues em escolas-polos, por exemplo, com atendimento adequado às demandas surdas, tal como apontadas no PNE.

O fato é que a Libras deve ser garantida como língua de instrução tanto nas escolas comuns, nas salas bilíngues, como nas escolas bilíngues de surdos, e isso não é nada fácil, mas é um direito da comunidade surda. Conforme já explicitamos, não estamos falando de salas com intérpretes nos anos iniciais de escolaridade, mas, sim, de professores bilíngues em Libras/português. A questão é que nos anos iniciais (educação infantil e ensino fundamental), o aprendizado por processo tradutório não tem se mostrado tão relevante, uma vez que os alunos são muito pequenos e, na maioria dos casos, estão em fase de aquisição da língua de sinais (Lodi; Lacerda, 2009), por serem filhos de pais ouvintes.

Professores bilíngues, fluentes em Libras e em português, e professores surdos, diariamente constroem ou facilitam o processo de uma aprendizagem mais significativa, à medida que os alunos surdos avançam na aquisição de linguagem e, em paralelo, inserem-se nos conteúdos curriculares dos anos em que estão. A atuação de intérpretes de língua de sinais nessa primeira etapa de ensino frustra porque os conteúdos a serem traduzidos são pensados para alunos que ouvem, bem como devido ao não conhecimento linguístico dos estudantes surdos, que, assim, são incapazes de vivenciar a interpretação de uma língua para outra.

A alfabetização de estudantes surdos não pode seguir os mesmos parâmetros utilizados para os alunos ouvintes. As rotas de aprendizagens são diferenciadas, e é preciso evidenciar essa diferença. Exatamente por isso não é compatível que surdos e ouvintes sejam alfabetizados nos mesmos espaços com as mesmas orientações aplicadas de forma padronizada aos estudantes que ouvem. O que ocorre, nesse caso? O intérprete se vê numa posição desajustada: não sabe se muda o que foi proposto pelo professor, se interpreta e arrisca deixar o aluno sem compreender[3], se ensina a língua de sinais ou se traduz. Isso porque na maioria dos casos as crianças surdas adentram a escola sem saber língua de sinais.

Ainda, o reduzido número de surdos em uma sala de aula, diferente das salas bilíngues, dificulta o processo de aquisição de linguagem e de trocas dialógicas, fatores que favorecem o desenvolvimento de surdos. Dessa forma, muitos alunos passam pelos anos iniciais, chegando à segunda etapa do ensino fundamental sem ter domínio

3 Um dado importante é a interpretação de uma língua para outra pressupõe o entendimento do texto (oral ou escrito) pelo interlocutor. A respeito da interpretação, estamos marcando que essa ação se dá numa relação face a face, "ao vivo", e, desse modo, o intérprete educacional, por atuar diariamente, percebe o conhecimento que o aluno tem (ou não) da Libras e tem retornos expressivos do próprio aluno no ato interpretativo, conferindo se a interpretação está sendo objetivada ou não. Essa é uma informação importante, uma vez que muitos intérpretes revelam frustração nos anos iniciais, pois percebem que a relação entre ele e o aluno surdo precisa ir além, do contrário, este continuará "excluído" do processo (Martins, 2008). Destacamos que além de interpretar de uma língua para outra, há processos tradutórios realizados por Tilse, em traduções partindo de textos escritos para Libras ou vice-versa, bem como na produção de materiais didáticos para alunos surdos.

da língua de sinais e sem os conteúdos básicos que deveriam ter estudado ao longo de, no mínimo, cinco anos – isso se só considerarmos a formação no ensino fundamental I.

Podemos concluir que a educação de surdos no Brasil tem sido campo para muitas lutas políticas e se pauta em várias controvérsias sobre seu fazer. No entanto, as comunidades surdas sabem que a língua de sinais deve ganhar espaço na escola como língua de instrução. De fato, tais lutas têm caminhado para a produção de uma abordagem bilíngue nas escolas, através da manutenção das escolas de surdos, ou de salas bilíngues em escolas públicas – uma educação bilíngue ainda em construção, mas necessária. O importante é contar com a participação ativa de surdos pensando a escola que querem para si, e não a continuidade da opressão de ouvintes no modo de ensino de surdos – como proclamado no Congresso de Milão –, com imposição das formas adequadas de ensino de surdos, sem a participação do povo surdo nessa construção.

Uma educação bilíngue se faz com surdos, para surdos e pelos surdos. Diante disso, apoiamos as mudanças históricas e continuamos seguindo e partilhando lutas por uma educação mais justa e ética: uma educação de surdos, e não uma educação de ouvintes para surdos. A língua de sinais é uma língua sem impedimento para o surdo e que o constitui de modo integral? Afirmamos que sim! Por ela, o sujeito surdo pode, naturalmente, constituir-se como sujeito de direito sem nenhum impedimento orgânico. Sendo assim, esperamos que esse ponto de partida (a língua) seja pensado para produzir mudanças curriculares, propostas visuais, já que os surdos se constituem pela visão e precisam de uma pedagogia que corresponda a essa visualidade que os constitui. São esses aspectos atuais que movem as lutas surdas (Perlin, 1998).

Esperamos que este capítulo tenha lhe conferido argumentação o suficiente para responder ao questionamento do início do texto: quais são os problemas de a educação de surdos ser igual a uma educação pensada para ouvintes.

Síntese

Neste capítulo, abordamos que a educação de surdos passou por diversos movimentos e distintas práticas educacionais. Tem sido comum pensá-la por práticas homogêneas, na igualdade de ações para pessoas que ouvem. Aspectos históricos mostram que a abordagem oralista prevaleceu historicamente, e isso se revela pela relação de poder e de controle no uso da língua oral, sendo essa a língua majoritária. Portanto, práticas de exclusão linguística são recorrentes na história da educação de surdos.

Também, analisamos os movimentos surdos, os quais, em sua militância, têm reivindicado espaço de aparição na luta por sua diferença e na busca pela construção de uma educação centrada na língua de sinais. Tais movimentos têm sido fomentados por meio da abordagem filosófica bilíngue, a qual percebe a necessidade de aquisição da língua de sinais o mais cedo possível. Sob essa ótica, a língua de sinais passa a ser vista como a primeira língua, já que é a mais natural para a pessoa surda, e a língua da comunidade majoritária é tida como a segunda língua, na modalidade escrita. A reivindicação dos surdos tem sido pela construção de uma ressignificação do conceito da inclusão escolar, através da presença de educadores surdos na escola, da primazia pela língua de sinais e da visualidade como elemento constitutivo do currículo escolar.

Discorremos, ainda, sobre as legislações brasileiras que reconheceram e regulamentaram a Libras como língua oficial das comunidades surdas e língua de instrução escolar. Apontamos a importância do intérprete (mediador entre línguas e culturas) como agente intercultural, não apenas na educação básica. Ressaltamos, também, que a escola precisa de mudanças que vão além da simples entrada de intérpretes para mediar discursos. Afirmamos que nos anos iniciais as salas bilíngues ou escolas de surdos são os espaços mais indicados para a aquisição de linguagem.

Por fim, é necessária a desconstrução do que nomeamos por inclusão. Inclusão se faz com oportunidades iguais de conhecimento e crescimento. A história mostra que os surdos têm lutado por uma escola que seja, de fato, justa e acessível às diferenças linguísticas que eles apresentam. Muitas conquistas foram realizadas, no entanto, há muito ainda a ser feito para que essa inclusão ocorra. Só quando a cultura surda e a língua de sinais ganharem espaço social e educacional é que teremos alcançado esse objetivo.

Marcas históricas da centralidade da oralidade na educação de surdos e seus respingos na atualidade.

Abordagens educacionais: oralismo, comunicação total e bilinguismo. Distinções metodológicas e de visões sobre sujeito, linguagem e educação.

Luta contínua dos movimentos surdos por uma educação bilíngue efetiva: Libras/Língua Portuguesa escrita instrução escolar pela língua de sinais.

Inclusão de surdos não se faz com a presença de surdos na escola comum, nem apenas com a entrada de intérprete educacional. A participação dos surdos na construção de políticas educacionais é fundamental.

Atividades de autoavaliação

1. Quais são as abordagens educacionais presentes na história da educação de surdos, mencionadas neste capítulo?
   a. Comunicação total, construtivismo, escola nova.
   b. Bilinguismo, comunicação total, construtivismo.
   c. Escola nova, oralismo, comunicação total.
   d. Oralismo, comunicação total, bilinguismo.

2. Assinale o evento que marcou a implantação do oralismo puro como método de ensino exclusivo de surdos.
   a. Declaração de Salamanca, em 1994.
   b. Congresso de Milão, em 1880.
   c. Congresso de Jomtien, em 1990.
   d. Congresso das políticas públicas educacionais de surdos, em 1854.

3. Sobre as lutas políticas atuais das comunidades surdas em relação a sua educação, defende-se:
   a. Uma educação bilíngue com a língua portuguesa na modalidade oral como língua de instrução.
   b. Uma educação bilíngue baseada na presença de intérpretes de língua de sinais nos anos iniciais e finais.
   c. Uma educação bilíngue com a língua de sinais como língua de instrução escolar.
   d. Uma educação bilíngue com a presença de fonoaudiólogos na escola para o ensino da oralidade.

4. O bilinguismo pode ser definido como:
   a. Abordagem educacional que prioriza a língua oral como primeira língua, por ser de uso da sociedade majoritária.

b. Abordagem educacional que defende a língua de sinais como primeira língua e a língua oral da comunidade majoritária como segunda língua na modalidade escrita.
c. Abordagem educacional que defende a língua de sinais como primeira língua e a língua oral da comunidade majoritária como segunda língua na modalidade falada.
d. Abordagem educacional que defende a língua de sinais como língua exclusiva de ensino para surdos.

5. Sobre as legislações que foram responsáveis pelas mudanças educacionais atuais na educação de surdos, pode-se afirmar:
   a. O Decreto n. 5.626/2005 assegura a acessibilidade dos espaços físicos e comunicacionais para surdos.
   b. A Declaração de Salamanca, de 1994, é contra o movimento de educação inclusiva de surdos.
   c. A Lei n. 10.436/2002 reconhece a Libras como meio de comunicação e expressão das comunidades surdas.
   d. A Lei n. 10.098/2000 regulamenta a Libras como língua das comunidades surdas do Brasil.

Atividades de aprendizagem

Questões para reflexão

1. Após o percurso histórico do capítulo, bem como a menção às abordagens educacionais de surdos, assista ao filme *Seu nome é Jonas*, disponível no seguinte *link*: <https://www.youtube.com/watch?v=7Lvjv-jpgUc>. Acesso em: 8 fev. 2019. Reflita sobre a relação escolar, bem como a respeito das noções de linguagem, sujeito e língua apresentadas no presente filme. Em sua opinião, quais são as abordagens educacionais presentes na obra fílmica? E qual é a relação entre família e surdez?

2. Assista ao documentário *Sou surda e não sabia*, disponível no YouTube no seguinte *link*: <https://www.youtube.com/watch?v=Vw364_Oi4xc>. Acesso em: 8 fev. 2019.

   Na sequência, reflita sobre as questões de identidade e surdez perpassadas pela presença da língua de sinais na vida da pessoa surda.

Atividade aplicada: prática

1. Observe a figura a seguir, que historicamente discute as mudanças discursivas na educação de surdos e a entrada da língua de sinais como possibilidade de comunicação e reconhecimento no Brasil. Elabore um pequeno texto que contenha uma análise dessa figura com base no que foi exposto neste capítulo. Como o ilustrador caracteriza o Congresso de Milão?

Thiago Gonçalves Garcia

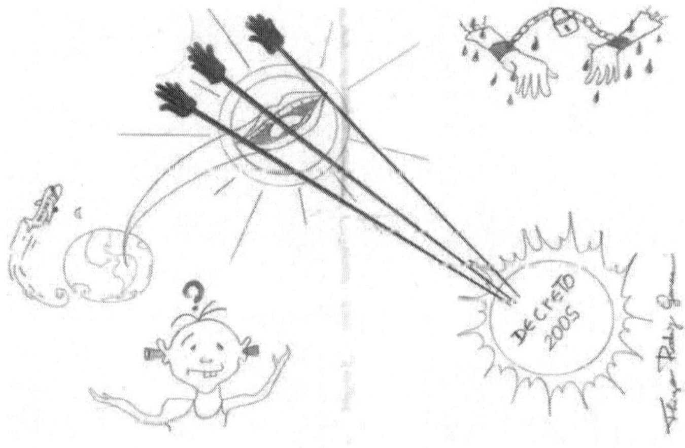

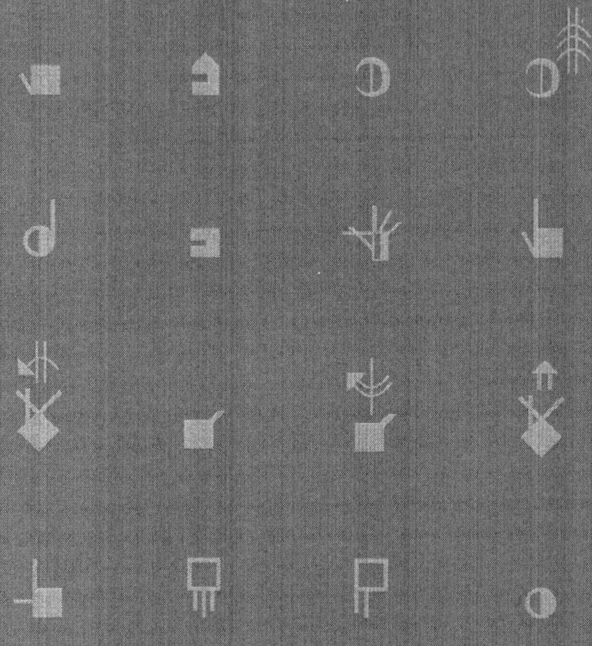

capítulo
sete

Libras no contexto socioeconômico-cultural

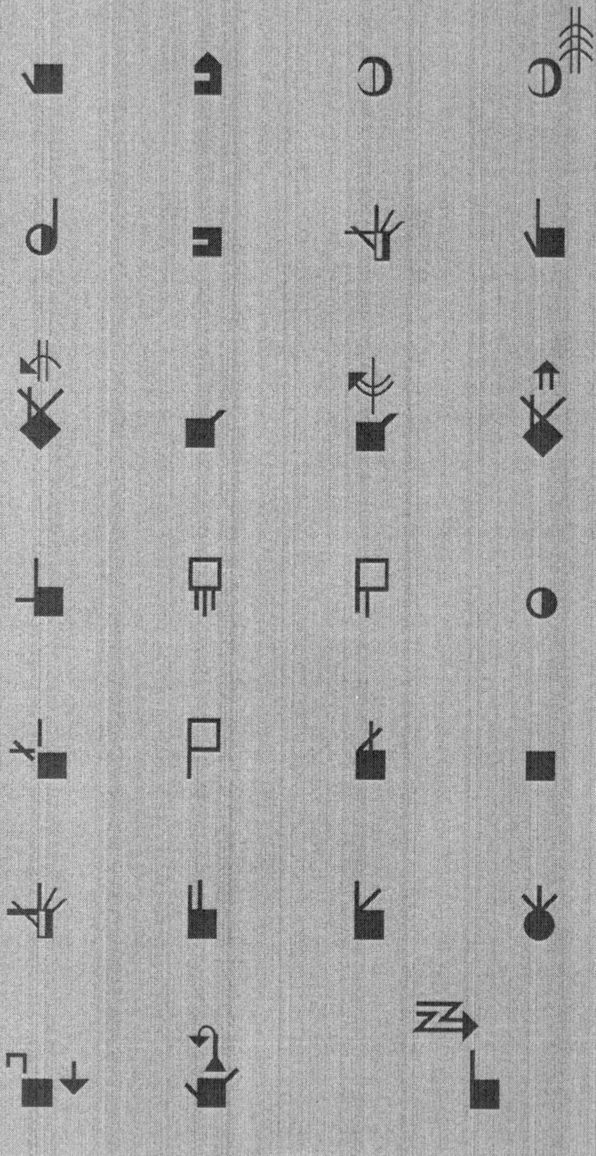

Lara Ferreira dos Santos
Samantha Camargo Daroque

O presente capítulo tem como objetivo apresentar aos alunos a presença da língua brasileira de sinais (Libras) no contexto socioeconômico-cultural em nosso país. Para essa finalidade, apresentamos a temática de forma breve, discutindo aspectos relevantes para sua compreensão, como as concepções de linguagem e língua que embasam nossas pesquisas. Posteriormente, proporcionamos uma reflexão sobre o lugar social e o *status* da Libras e a respeito das questões econômicas ligadas ao seu uso e difusão na atualidade. Por fim, adentramos na temática cultural, apresentando a Libras como constituinte da identificação da pessoa surda, bem como da comunidade e cultura surdas, oferecendo subsídios para que o aluno possa compreender a Libras nos mais diversos contextos.

7.1 A Libras e seu papel social

As discussões sobre a Libras têm se mostrado presentes e em destaque nos últimos anos. Para aqueles que estão se aproximando dessa temática, há um deslumbre, algo que desperta interesse – como se o movimento das mãos, como uma dança, provocasse curiosidade e despertasse o desejo de aprender a Libras. O que poucos sabem é que as discussões sobre essa língua, seus usos, seu espaço e seu *status* vêm sendo discutidas há décadas.

É fato que a Libras passou a ter maior visibilidade após a publicação da Lei n. 10.436, de 24 de abril de 2002 (Brasil, 2002), que a reconhece como forma de comunicação das pessoas surdas, e do Decreto n. 5.626, de 22 de dezembro de 2005 (Brasil, 2005), o qual aborda o direito à educação bilíngue de surdos e dá outras providências, além de ser responsável pelo ingresso da Libras no universo acadêmico, ao dispor sobre a obrigatoriedade da língua como disciplina curricular nos cursos de licenciatura, pedagogia, fonoaudiologia e de formação de professores.

Assim, para compreender o espaço ocupado pela Libras no contexto socioeconômico-cultural atual, é relevante compreendermos alguns aspectos, como as concepções de linguagem e língua, a presença da Libras no contexto socioeconômico e aspectos culturais relacionados ao uso da língua. A seguir, iniciamos as discussões sobre essas questões.

7.2 Concepções de linguagem e língua

Existem diversas escolas e tendências da linguística que propõem diferentes concepções de língua. Para Wilhelm Humboldt e Potebnia, a língua é um processo criativo de cada pessoa, que se materializa sob a forma de atividades de fala individuais. Já para Wundt e Steintahl, todos os fatos relacionados à língua têm origem e explicações puramente psicológicas. Vossler, por sua vez, difundiu a primazia do aspecto estilístico sobre o gramatical, dado que acreditava que a língua constituía um fenômeno estético (Bakhtin; Volochínov, 2009).

Assumimos, neste momento, uma concepção bakhtiniana de língua, que a compreende como materialização da linguagem humana e, ainda, como um evento social, determinado por seus usuários a depender do local onde vivem, de seu contexto social e real – portanto, ela seria isenta de neutralidade. A língua, então, de acordo com essa perspectiva, sofre influências por parte dos sujeitos que a utilizam e modifica-se historicamente (Sobral, 2008).

A língua é determinada pelas relações sociais entre os sujeitos que a utilizam e se delineia a partir dos sentidos produzidos por eles em contextos específicos, concretos e marcados ideologicamente:

Língua é a materialização da linguagem humana verbalizada. É fruto do trabalho humano, o que implica dizer que é ideológica, ou seja, é mais do que um sistema unirreferencial, pois, além de referenciar o mundo imediato, também representa um outro mundo para além da imediatez interacional. Portanto, língua é um sistema linguístico-ideológico (pois se constitui de signos linguístico-ideológicos) por meio do qual a linguagem humana verbal se materializa para referenciar o mundo, representá-lo e constituir outro mundo para além do imediato (Gege, 2009).

Se partirmos da concepção de que a língua só existe em situações reais entre falantes, compreenderemos que a Língua Brasileira de Sinais insere-se nessa concepção. Todo enunciado proferido em Libras é, portanto, carregado de sentidos e significados marcados ideologicamente por seus usuários, de acordo com o momento por eles vivenciado, sendo único e irreproduzível.

Nós assimilamos as várias formas da língua somente por meio das diversas possibilidades de enunciações e, justamente, graças a elas. As formas da língua e as maneiras pelas quais constituímos enunciados, isto é, os gêneros do discurso, chegam à nossa experiência e à nossa consciência em conjunto e estreitamente vinculadas. Aprender a falar significa aprender a construir enunciados (porque falamos por enunciados, e não por orações isoladas e, evidentemente, não por palavras isoladas) (Bakhtin, 2010a, p. 283).

Assim, e em concordância com os princípios apresentados, a língua de sinais é considerada língua, tanto como qualquer outra. A modalidade difere daquelas social e comumente utilizadas, pois a Libras se apresenta na modalidade visuogestual. Todavia, é possível notar que, apesar de ser língua, a Libras não atinge a sociedade de forma majoritária, permanecendo restrita a grupos e comunidades minoritárias – não se observa a livre circulação da Libras nas mídias, nos diferentes contextos sociais, no espaço educacional. É sobre esse aspecto que discutiremos a seguir.

7.3 A Libras no contexto socioeconômico em nosso país

A razão deste não "aparecimento" da língua de sinais se deu, principalmente, pela sua proibição em 1880, quando da realização do

II Congresso de Milão. Nesse evento, organizado e coordenado em sua maioria por profissionais ouvintes, determinou-se a proibição da língua de sinais no mundo todo, nos espaços educacionais, visto que se compreendia que ela atravancava o desenvolvimento da língua oral (Lacerda, 1998b). Embora fora dos espaços acadêmicos a língua continuasse sendo utilizada, não havia o reconhecimento social de seu valor e sua importância.

Somada a essa decisão, à visão da deficiência sobre a pessoa surda e ao fato de essa parcela da população ser uma minoria, a língua de sinais permaneceu à margem da sociedade, no Brasil, durante quase um século, e somente passou a ser discutida novamente após seu reconhecimento, a partir da Lei n. 10.436/2002, quando foi reconhecida como meio legal de comunicação e expressão das comunidades surdas brasileiras.

Embora seu uso e difusão sejam legalmente assegurados, a Libras continua sendo uma língua utilizada por uma parcela pequena da sociedade e, em se tratando de língua de minorias, não adquire o mesmo *status* da língua majoritária – em nosso país, o português. Assim como outras línguas de grupos minoritários (tais como as línguas indígenas), a Libras não tem a visibilidade desejada por seus usuários, o que provoca uma série de barreiras comunicativas e sociais aos surdos.

De acordo com Leite (2008b), aos poucos a sociedade vem transformando seu olhar sobre a pessoa surda e a língua de sinais. Contudo, há, ainda, muitos mitos e concepções errôneas que provocam entraves sociais. O autor afirma que a sociedade ainda trata a surdez como uma doença/patologia, e isso traz consequências para o reconhecimento não somente da língua, mas de uma comunidade, com identidade e aspectos culturais diferenciados dos da maioria.

Em nossa sociedade, grupos minoritários com profundas diferenças linguísticas sempre coincidem com minorias imigrantes, isto é, estrangeiros cujo *status* linguístico e identitário diferenciado é reconhecido, embora o fato de pertencerem a outro povo ou nação possa torna-se fonte de discriminação. Frente aos surdos, no entanto, o olhar discriminatório da sociedade majoritária assume uma perspectiva distinta. Não há, e nunca houve, qualquer polêmica quanto ao fato de os surdos nascidos no Brasil serem considerados membros da nação brasileira, tal como qualquer outro cidadão ouvinte nascido aqui. Embora isso pareça constituir-se numa vantagem, o problema acarretado por tais circunstâncias não é menor: não somente a língua e cultura surdas carecem de um *status* igualitário frente à sociedade ouvinte; elas sequer são reconhecidas em sua diferença (Leite, 2008b).

O autor ainda faz uma analogia com outros grupos minoritários, como os homossexuais, alegando que devido à visão frequentemente negativa sobre alguns aspectos dessa "diferença" pelas pessoas mais próximas, esses indivíduos buscam, ainda que tardiamente, compartilhar suas condições e modo de vida com outras pessoas em situação semelhante. Nesses casos, ocorre um afastamento da "família biológica" e consequente aproximação da "família cultural", visando à partilha dos mesmos ideais e buscando o fortalecimento da autoestima e do reconhecimento pela diferença (Leite, 2008b, p. 5). Com relação às comunidades surdas, o elo dessa "família cultural", não se pode negar, está centrado principalmente no uso de uma língua que difere daquela que a sociedade majoritariamente utiliza.

Leite (2008b) afirma também que, atualmente, a sociedade vem modificando sua visão sobre a língua de sinais; em virtude de um discurso menos assistencialista e de maior respeito pelas diferenças, a comunidade surda vem conquistando alguns direitos importantes – fruto de suas lutas e movimentos em prol, não apenas do reconhecimento da língua, mas de condições sociais igualitárias, como acessibilidade (Brasil, 2000, 2010) e educação de qualidade (Brasil, 2005). Entretanto, esclarecimentos se fazem necessários, pois essa suposta aceitação mascara, ainda, alguns preconceitos.

> Por um lado, a libras é cada vez mais referida como uma língua natural pela sociedade brasileira. Os cursos se multiplicam pelo país, as pessoas se interessam em aprendê-la, e a língua ganha valor nos espaços públicos e privados. Entretanto, acredita-se que essa 'língua' possa ser aprendida em cursos de um ou dois anos; que um professor polivalente possa ser capaz de, ao mesmo tempo, ensinar em português alunos ouvintes e, em libras, alunos surdos; que ser um ouvinte proficiente em conversações espontâneas na libras pressupõe a habilidade de saber interpretá-la, entre outros vários equívocos que revelam, novamente, as limitações desse reconhecimento da diferença surda. (Leite, 2008b, p. 2)

É possível compreender tais limitações conceituais se analisarmos as condições em que a Libras foi "inserida" no contexto social (e econômico) nos últimos anos.

Conforme citamos anteriormente, a publicação do Decreto n. 5.626/2005 garante o direito da pessoa surda à educação bilíngue, prevê a presença do profissional tradutor e intérprete de língua de sinais no espaço educacional, além de apontar as necessidades formativas para sua atuação nos diferentes níveis educacionais. Algumas dessas medidas foram impostas, como a inclusão da Libras como disciplina curricular nos cursos de formação de professores, visando a garantir aos surdos uma educação de melhor qualidade e com respeito pela sua singularidade linguística.

Ao determinar a obrigatoriedade da disciplina, criaram-se alguns entraves econômicos. Quem seria o professor a ministrar essa disciplina? Que formação deveria ter? Onde seriam ofertados os cursos de formação de docentes para ensino da Libras? O mesmo governo que publicou o referido decreto passou a fazer uma série de investimentos para o uso e a difusão da Libras, com a criação de cursos em instituições que visem à formação do professor dessa língua, bem como na formação de tradutores e intérpretes de Libras, entre outros, a fim de garantir que o texto da lei pudesse ser ofertado na prática e estivesse ao alcance das comunidades surdas.

Por essa razão, houve um crescimento na oferta de cursos de Libras na atualidade. Todavia, nem esse aumento, tampouco as ofertas de cursos e/ou disciplinas, não garante a qualidade de ensino, nem a proficiência para a atuação profissional – esta é a fonte dos inúmeros equívocos acerca da Libras no contexto socioeconômico atual.

Acreditamos que a tendência, com o passar dos anos, é de que as pessoas adquiram mais esclarecimentos a respeito dessa temática, em virtude da crescente ampliação da presença de surdos, conforme podemos observar atualmente, nos mais diversos setores sociais.

Asseguradas pela lei de acessibilidade (Brasil, 2000), as pessoas surdas têm a possibilidade, nos dias atuais, de frequentar diversos espaços sociais adequados às suas necessidades, ou seja, contando com a presença de intérpretes de Libras. A imagem a seguir ilustra um desses espaços. A Figura 7.1 traz um *frame* de um pronunciamento do ex-Presidente Michel Temer em que vemos uma janela por meio da qual uma sinalizante reproduz o discurso.

Figura 7.1 – Pronunciamento do ex-Presidente Michel Temer, em 25 de maio de 2018, com janela de interpretação em Libras (*frame* de vídeo)

Fonte: Presidente..., 2018.

A Figura 7.2 traz a sigla e o logotipo da Central de Interpretação de Libras, empresa localizada na cidade de São Paulo. Trata-se de uma iniciativa pioneira que pode viabilizar a acessibilidade de forma menos onerosa. O serviço público, oferecido por profissionais tradutores e intérpretes de Libras e coordenado pela Secretaria Municipal da Pessoa com Deficiência e Mobilidade Reduzida da Prefeitura de São Paulo, visa à mediação na comunicação de pessoas surdas e surdocegas que necessitem de qualquer serviço público no município. Há diversas modalidades de atendimento e, dessa forma, o poder público não necessita dispor de profissionais em todos os hospitais, fóruns e em outros serviços públicos, o que acarretaria custos altíssimos e pouco proveito dos serviços.

Figura 7.2 – Sigla e logotipo da Central de Interpretação de Libras, no município de São Paulo

Fonte: Prefeitura de São Paulo, 2017.

Em suma, podemos afirmar que, embora as discussões sobre a Libras tenham se ampliado, ainda há muito por fazer. A comunidade surda conquistou o direito ao uso de sua língua e garantiu acesso à educação, mas ainda precisa "mostrar sua cara" ao país, expondo sua capacidade, participando dos movimentos sociais, lutando para garantir que as leis sejam cumpridas e, também, apresentando suas produções culturais, sempre permeadas pelo uso da Libras. É sobre esse aspecto que tratamos a seguir.

7.4 A Libras no contexto cultural

Falar sobre cultura em um país como o Brasil é algo bastante complexo. Vivemos e convivemos com pessoas de diferentes origens, diversas línguas, raças, crenças e hábitos – e todos esses aspectos compõem a nossa tão rica cultura.

Como discutimos anteriormente, as comunidades surdas apresentam-se como minoria linguística em nossa sociedade. Mas, ainda assim, os integrantes dessas comunidades são membros deste país, dividem e partilham hábitos e aspectos culturais semelhantes, mas têm como primeira língua a Libras, e não a língua portuguesa – língua majoritária no Brasil. Como um indivíduo surdo deve se sentir sendo "estrangeiro" em seu próprio país? Ele vive em um país cuja língua principal não lhe é acessível, onde os bens culturais também são construídos e permeados por esta língua da maioria.

> a palavra de tudo o que é próprio à cultura, isto é, de todas as significações culturais (cognitivas, éticas e estéticas) chega-se bem facilmente à conclusão de que não existe absolutamente nada na cultura além da palavra, que toda a cultura não é nada mais que um fenômeno na língua, que o sábio e o poeta em igual medida se relacionam somente com a palavra. (Bakhtin, 2010b, p. 45)

Assim sendo, compreendemos que a língua constitui a cultura, a qual, por sua vez, faz relação direta com o processo social que um povo ou comunidade vivencia. De acordo com Queiroz (2013), conforme os mesmos princípios bakhtinianos de cultura, esta só adquire valor e sentido se pensada em seu contexto concreto social e, dessa maneira, transforma-se, materializa-se. A autora afirma que

> É na fronteira, seja ela qual for, territorial, cultural, política, que a unidade cultural, a materialidade, adquire sentido, a partir da forma e de valores sociais sentidas no conteúdo dos enunciados concretos. **É no contato com a cultura do outro que a materialidade de dada cultura mostra sua significação**. (Queiroz, 2013, p. 3, grifo nosso)

O sujeito surdo, portanto, apesar de brasileiro, encontra-se na fronteira entre a cultura de uma maioria e a cultura surda, marcada pelo uso da Libras, afinal, as manifestações culturais dessa comunidade só adquirem significação por estarem em contato direto com culturas outras, dos não surdos.

Nesse sentido, pessoas surdas usuárias da Libras se organizam cultural e linguisticamente, representadas/orientadas pelo seu mundo visual, por vivências e experiências marcadas pela visualidade. Não pretendemos, neste texto, encerrar as discussões acerca das concepções de cultura, haja vista as inúmeras correntes que atualmente abordam a temática.

De acordo com Strobel (2008, p. 18) e sua concepção embasada nos estudos culturais, "a cultura é uma ferramenta de transformação, de percepção a forma de ver diferente, não mais de homogeneidade, mas de vida social constitutiva de jeitos de ser [...]", portanto, marca de um determinado grupo, que surge justamente a partir dessas diferenças quanto à visão de mundo, às percepções e aos modos de agir e ser. Assim, esses grupos, com identidades e necessidades próprias (e formas de usar a linguagem também), produzem elementos e bens coletivos que desenvolvem no contato de seus integrantes, bem como com outros grupos, com gerações passadas... E assim a cultura se dissemina junto aos indivíduos desses grupos.

Com relação específica aos surdos, portanto,

> A identidade e a cultura das pessoas surdas são complexas, já que seus membros frequentemente vivem num ambiente bilíngue e multicultural. Por um lado, as pessoas surdas fazem parte de um grupo visual, de uma comunidade surda que pode se estender além da esfera

> nacional, no nível mundial. É uma comunidade que atravessa fronteiras. Por outro lado, eles fazem parte de uma sociedade nacional, com uma língua de sinais própria e com culturas partilhadas com pessoas ouvintes de seu país. (Quadros; Sutton-Spence, 2006, p. 111)

A partir das discussões realizadas até o presente momento, podemos perceber que a Libras é o principal elemento na vida das pessoas surdas; é ela que marca a identidade da comunidade surda, determina a compreensão de mundo, possibilita a constituição de identidade – e também traz à tona alguns aspectos culturais que são peculiares a esse grupo.

Mas onde estão essas marcas culturais na sociedade? Onde é possível encontrar tais artefatos? No próximo tópico, apresentamos alguns artefatos e marcas da comunidade surda em nossa sociedade.

7.5 Lugares onde a Libras está

Conforme já abordamos, houve um período em que a língua de sinais foi proibida; seu uso, dessa forma, restringiu-se aos espaços marginais e "não oficiais". Os setores educacional, da saúde e social não possibilitavam a presença dessa língua, considerada prejudicial ao desenvolvimento da pessoa surda.

Essa proibição, todavia, acabou por estreitar e aprofundar os laços entre pessoas surdas, familiares e ouvintes simpatizantes da causa; surgiram, diante desse contexto, espaços para diálogo, lutas e movimentos em prol dos direitos dessa parcela da sociedade. No Brasil, atualmente, existem inúmeras instituições com essa característica, que têm alavancado o uso e a difusão da Libras e lutado pela modificação das políticas públicas, além de se organizarem a favor da educação e integração dos surdos em parceria pelas principais capitais do Brasil. Algumas dessas instituições são listadas a seguir:

- Federação Nacional de Educação e Integração dos Surdos de São Paulo (Feneis);
- Federação Brasileira das Associações dos Profissionais Tradutores e Intérpretes e Guiainterprétes de Língua de Sinais (Febrapils);
- Federação Desportiva de Surdos do Estado de São Paulo (FDSESP); entre outras.

Tais instituições vêm realizando ações que visam ao desenvolvimento e à integração da pessoa surda, por meio da divulgação da Libras, oferecendo cursos dessa língua e aperfeiçoamentos para tradutores e intérpretes, bem como auxiliando em sua inserção no mercado de trabalho. Esses locais são reconhecidos pelos sujeitos surdos como espaços de convivência e luta e representam um suporte para a conscientização da sociedade a respeito de suas diferenças linguísticas e culturais.

Com relação às produções culturais, uma diversidade de eventos vem se ampliando e se multiplicando nas comunidades surdas de todo o mundo. Há nesses espaços uma rica oferta cultural, mesmo que ainda distante dos olhares curiosos de ouvintes e com bastante enfoque para as necessidades da comunidade surda. Trata-se de congressos, seminários e encontros que a cada ano conquistam mais participantes, que buscam discussões profundas sobre o uso da Libras, bem como sobre a formação e capacitação nos estudos relacionados a essa língua. Há também festivais, festas tradicionais, concursos de misses, modelos e atores, ministérios religiosos, eventos esportivos, entre outras organizações. Para os que desconhecem o universo dos surdos, a empreitada é rica, fascinante e cheia de surpresas – indicações culturais e de *sites* de interesse estão disponibilizados ao final do capítulo.

Há também outras produções que podemos observar quando estamos em contato com as comunidades surdas, tais como: obras de arte, poesias, piadas, teatros e outros artefatos que representam a identidade e história das pessoas surdas. As figuras a seguir apresentam alguns artistas relacionados a esse rico universo.

Figura 7.3 – Produção da artista plástica, poetisa e atriz surda brasileira Fernanda Machado, com a tela intitulada *Mãos classificadoras*

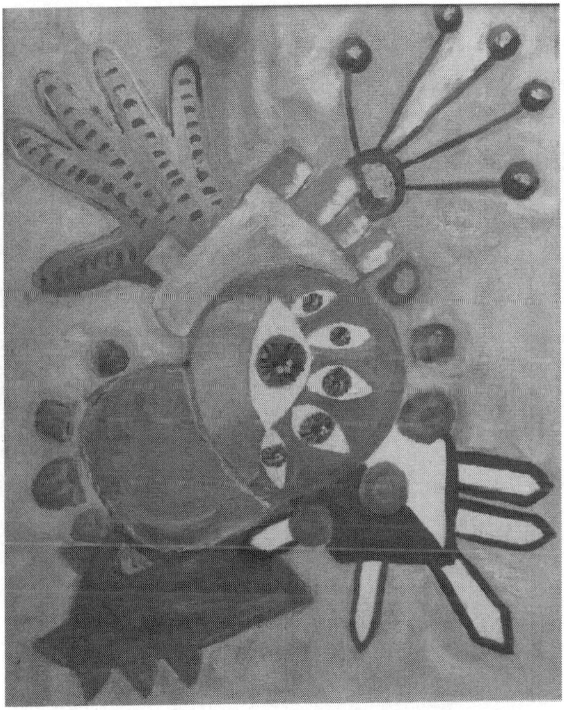

MACHADO, Fernanda. **Mãos classificadoras**. 2010. Óleo sobre tela: 50 × 40 cm.

Figura 7.4 – *Frame* de vídeo na página do artista surdo Rimar R. Segala, com produções culturais da Cia Arte e Silêncio

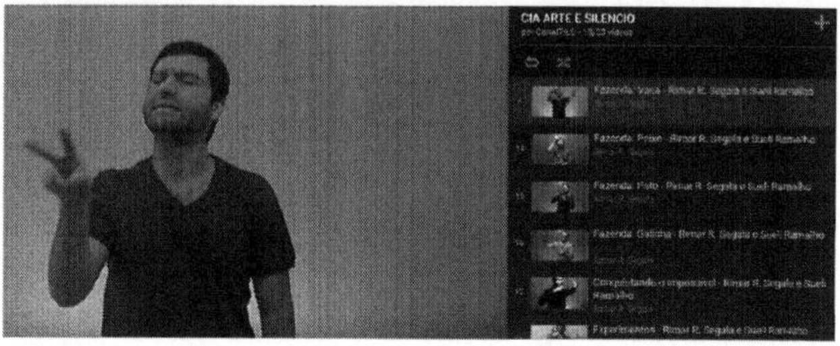

Fonte: Fazenda..., 2011.

Figura 7.5 – Divulgação do grupo teatral Mãos de Fada, que realiza contação de histórias em Libras

Foto: Valéria Félix

Figura 7.6 – Ator Rimar Segala em sua apresentação no festival de folclore surdo em 2014

Letícia Fernandes Garcia Wagatsuma Granado

A partir dos elementos apresentados, fica evidente que os surdos têm muito a expressar, com suas produções que abordam, principalmente, a difusão da língua de sinais, os registros históricos de luta e sofrimento, bem como o registro de que a sociedade está abrindo as portas para essa parcela da população. A língua de sinais, além de constitutiva dos sujeitos surdos, mostra-se como elemento que marca conquistas e determina suas relações, sendo fundamental fazer-se presente nos contextos social, econômico e cultural de nosso país.

Síntese

Neste capítulo, buscamos tratar da existência da Libras, abordando sua relevância nos mais diversos contextos sociais. A partir da exploração dos conceitos de língua e linguagem, esclarecemos questões sobre o processo de ensino-aprendizagem dessa língua e mencionamos também a atual legislação relacionada à temática.

Ainda, procuramos informar, por meio de discussões teóricas, elementos atuais e imagens representativas, os locais onde podemos encontrar a Libras na sociedade: no seio familiar, nas escolas, em locais públicos e, ainda, em espaços culturais, tão pouco conhecidos e difundidos entre membros da comunidade ouvinte.

Desejamos que o leitor, ao término deste capítulo, possa ter se aproximado do universo dos surdos, deixando para trás algumas ideias do senso comum e mitos a respeito da surdez e da Libras.

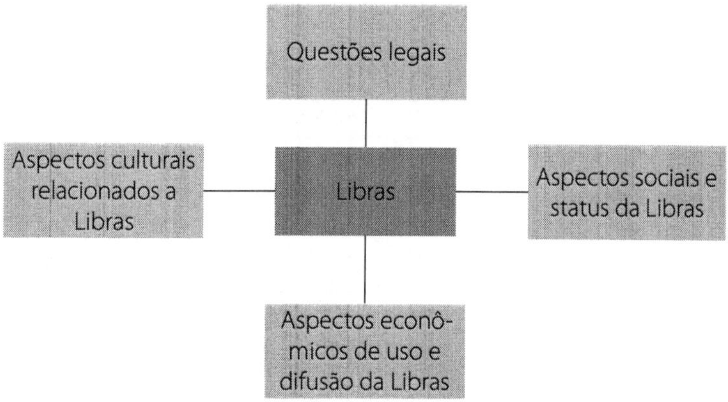

Indicações culturais

FENEIS. Disponível em: <http://feneis.org.br/>. Acesso em: 8 fev. 2019.

FENEIS SÃO PAULO. Disponível em: <http://sp.feneis.org.br/>. Acesso em: 8 fev. 2019.

CULTURA SURDA. Disponível em: <https://culturasurda.net/>. Acesso em: 8 fev. 2019.

LIBRASOL. Disponível em: <http://www.librasol.com.br/>. Acesso em: 8 fev. 2019.

Esses *sites* apresentam informações sobre elementos que compõem o universo da surdez, tais como: Libras, cursos, eventos, tecnologia, saúde, leis, educação, esportes, cultura, turismo, empregos e espaços onde os surdos se encontram.

SENCITY. Disponível em: <http://www.your-sencity.com/nl/>. Acesso em: 8 fev. 2019.

A Sencity é uma festa itinerante feita especialmente para o público surdo, criada por um finlandês que percorre vários países, com passagem também pelo Brasil.

HAND TALK. Disponível em: <http://www.handtalk.me/>. Acesso em: 8 fev. 2019.

O aplicativo Hand Talk é um programa que realiza tradução digital e automática para língua de sinais.

Atividades de autoavaliação

1. De acordo com a Lei n. 10.436/2002, a sigla Libras significa:
   a. linguagem brasileira de sinais.
   b. linguagem brasileira se surdos.
   c. língua brasileira de sinais.
   d. língua brasileira dos surdos-mudos.

2. Assinale a alternativa correta a respeito da Lei n. 10.436/2002:
   a. Segundo essa lei, a Libras é um código ou sistema – como o Braille –, e não uma língua.
   b. Segundo essa lei, a Libras é uma forma de comunicação e expressão, oriunda de comunidades de pessoas surdas do Brasil.
   c. Segundo essa lei, a Libras é uma linguagem gestual, passível de ser aprendida, assim como a mímica.
   d. Segundo essa lei, a Libras pode substituir o aprendizado de qualquer língua estrangeira.

3. Podemos definir cultura surda como:
   a. a forma como o sujeito surdo significa o mundo e o modifica, para torná-lo acessível a partir de experiências visuais, língua, ideias, valores, comportamentos e costumes, compartilhados com seus pares.
   b. a forma como os surdos se vestem, comem, conversam, pensam; sujeitos surdos vivem de forma totalmente diferente de sujeitos ouvintes e não aceitam a sociedade ouvinte, por isso, fazem uso de uma outra língua que não a portuguesa.

c. a mesma cultura que a dos ouvintes, considerando que a única diferença entre os grupos é a língua, o que não configura uma diferença cultural.
d. a língua de sinais, já que esta, por si só, marca uma diferença, inexistente entre outros grupos sociais como negros, indígenas, ou comunidades de imigrantes que habitam o Brasil.

4. Com relação ao uso da Libras, assinale a alternativa correta:
   a. A maioria dos surdos brasileiros desconhece a Libras, por isso ela não é utilizada amplamente.
   b. A Libras passou a ter maior visibilidade a partir da publicação de leis e decretos.
   c. As leis e os decretos não garantem o uso e a difusão da Libras; apenas reconhecem sua existência.
   d. Foi proibida mundialmente no ano de 1990, mas recentemente voltou a ser discutida e difundida.

5. As associações de surdos são para a comunidade surda um importante elo quanto aos contextos socioeconômicos. É no espaço das associações que os surdos partilham conhecimentos e a língua, encontram os seus pares e se fortalecem quanto à cultura e identidade surda. No âmbito nacional, a associação que tem lutado pela educação, pela integração e pelos direitos da pessoa surda tem como sigla:
   a. Febrapils.
   b. Feneis.
   c. Ines.
   d. UFSC.

Atividades de aprendizagem

Questões para reflexão

1. O texto da Lei n. 10.436/2002 (Brasil, 2002) traz a seguinte informação:

> Art. 1º É reconhecida como meio legal de comunicação e expressão a Língua Brasileira de Sinais–Libras e outros recursos de expressão a ela associados.
>
> Parágrafo único. Entende-se como Língua Brasileira de Sinais–Libras a forma de comunicação e expressão, em que o sistema linguístico de natureza visual-motora, com estrutura gramatical própria, constituem um sistema linguístico de transmissão de ideias e fatos, oriundos de comunidades de pessoas surdas do Brasil.

O texto da lei afirma que a Libras é um meio de comunicação, e não uma língua, pois isso traria uma série de problemas com outras línguas presentes em nosso país, e que também não são citadas em leis como línguas – uma vez que o Brasil é um país oficialmente monolíngue. Você acredita que esse fato contribui para que a Libras não adquira o mesmo valor social que a língua portuguesa? Se não, a que você atribui a falta de reconhecimento da Libras? Troque ideias com seus pares a esse respeito.

2. No segundo capítulo do Decreto n. 5.626/2005, sobre a inclusão da Libras como disciplina curricular, lê-se:

> Art. 3º A Libras deve ser inserida como disciplina curricular obrigatória nos cursos de formação de professores para o exercício do magistério, em nível médio e superior, e nos cursos de Fonoaudiologia, de instituições de ensino, públicas e privadas, do sistema federal de ensino e dos sistemas de ensino dos Estados, do Distrito Federal e dos Municípios.
>
> § 1º Todos os cursos de licenciatura, nas diferentes áreas do conhecimento, o curso normal de nível médio, o curso normal superior, o curso de Pedagogia e o curso de Educação Especial são considerados cursos de formação de professores e profissionais da educação para o exercício do magistério.
>
> § 2º A Libras constituir-se-á em disciplina curricular optativa nos demais cursos de educação superior e na educação profissional, a partir de um ano da publicação deste Decreto.

É possível perceber que, embora a lei garanta a oferta da disciplina, não há uma determinação/descrição sobre sua carga horária, tampouco sobre os conteúdos a serem ministrados, ou se as aulas deverão ser teóricas ou práticas. A lei também não aponta quantas horas de aprendizado serão necessárias para que se adquira fluência na língua – há quem acredite, inclusive, que com apenas 60 horas/aula poderão se tornar profissionais da área. Mas, será possível, por exemplo, aprender fluentemente o inglês com apenas 60 horas de estudo? É possível se tornar um tradutor de inglês com 120 horas de exposição à língua?

Diante do exposto e de todas as leituras já realizadas, reflita e discuta com seus colegas e elabore um pequeno texto sobre o que se espera/é possível aprender em uma disciplina de Libras para a graduação, com duração entre 30 e 60 horas, e qual é o objetivo dessa disciplina para a sua formação.

Atividade aplicada: prática

1. Faça uma entrevista com algum surdo usuário de Libras. Pode ser tanto via rede social (via contato com associações de surdos ou outras redes que auxiliem nesse contato) quanto presencialmente nessas associações. Para essa entrevista, elabore quatro questões, que abordem os conhecimentos adquiridos neste capítulo, tais como: quando e como aprendeu a Libras; saber se a família usa a Libras no espaço domiciliar; quais são os obstáculos/as barreiras sociais que já enfrentou devido à surdez; questionar se há acessibilidade em eventos culturais em sua região, entre outras questões. As perguntas devem ser abertas, porém, diretas/simples. Após tomar nota das respostas, organize um quadro com a reprodução/transcrição da fala do entrevistado. Troque ideias com seus colegas a respeito da sua pesquisa.

Considerações finais

Após o término desta obra, esperamos que você esteja apto a fazer uma densa reflexão sobre as questões que envolvem as relações políticas, educacionais, psicológicas e sociais na área da surdez, olhada por uma perspectiva antropológica. Nessa esteira, afirmamos a necessidade de as crianças surdas adquirirem o mais cedo possível a língua de sinais, por ser esta uma forma de constituição de suas singularidades linguísticas. Como essa língua não oferece nenhum impedimento sensório para a criança surda adquiri-la – diferentemente da aprendizagem das línguas orais –, esta poderá desenvolver plenamente as funções sociais da linguagem humana, se for exposta a essa língua.

A obra ainda pretendeu contribuir com a descrição dos aspectos linguísticos que envolvem a língua brasileira de sinais (Libras), as questões referentes à estrutura gramatical, ao funcionamento e uso, bem como às variações linguísticas desse idioma que é atualmente reconhecido como patrimônio cultural e linguístico no território brasileiro, por meio do Decreto n. 5.626, de 22 de dezembro de 2005 (Brasil, 2005).

Outro fator desdobrado foi a apresentação das políticas atuais (escolar e social) no âmbito da surdez como forma de assegurar a disseminação social da Libras e a promoção de políticas linguísticas que influenciem diretamente na promoção de mudanças educacionais, como a presença de educadores bilíngues, professores surdos e intérpretes de língua de sinais, e, o mais importante, a Libras como língua de instrução escolar. A circulação dessa língua na escola e nas universidades só vem ocorrendo graças à perseverança dos surdos, bem como dos ouvintes que aderiram à causa, através de movimentos políticos na reivindicação das comunidades surdas, em parceria com a comunidade acadêmica que constantemente promove novas pesquisas e saberes para o campo.

Algo importante que reiteramos, já no fim da leitura deste material, é a importância do envolvimento dos estudantes e futuros docentes no estudo da língua de sinais e das questões que envolvem a surdez dentro das disciplinas de Libras, conquistadas por meio de documentos legais. Todavia, apenas cursar a disciplina de Libras, ou mesmo fazer um estudo mais aprofundado, não garante a um sujeito o aprendizado na prática, nem as relações necessárias de vínculo e parceria com a comunidade surda, para a apreensão de aspectos culturais.

Além disso, também não assegura que ele, ao se formar docente, futuramente, esteja de fato comprometido com os aspectos metodológicos de adequação de uma aula para surdos – destacando aqui a visualidade, ponto chave, guardadas as especificidades das pessoas surdas, já mencionadas nesta obra.

De todo modo, você encontrou aqui um início de contato com as questões que envolvem o campo da surdez em geral. Esperamos que isso reverbere em incentivo para um aprofundamento e, quem sabe, aumente seu interesse pela aproximação com a comunidade surda e as temáticas de luta desta área de estudo e pesquisa.

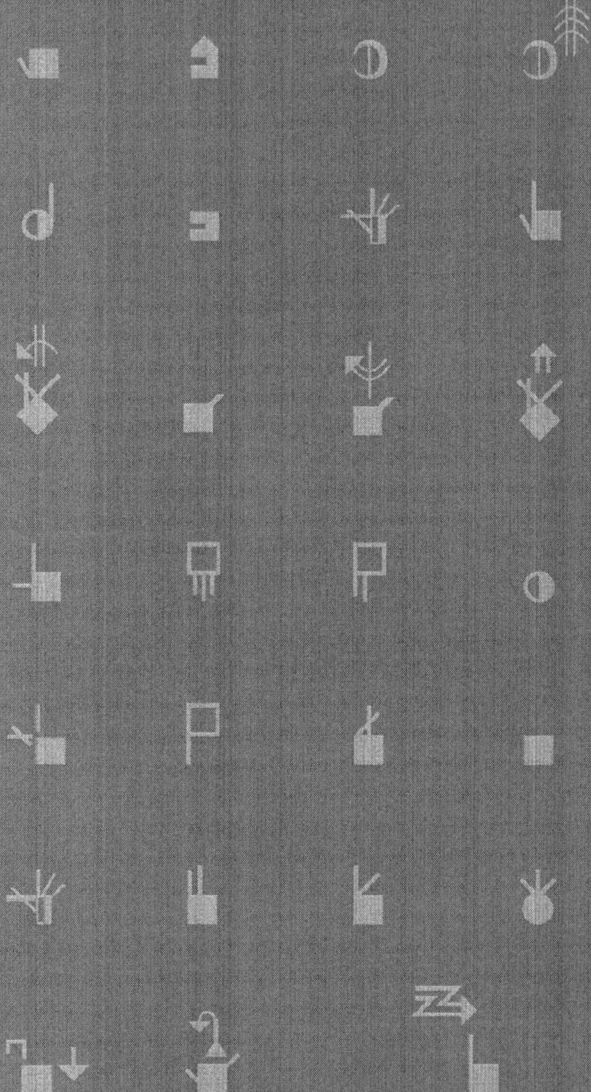

Referências

AKKA, D. **A situação dos tablets nos negócios**. 11 mar. 2014. Disponível em: <https://corporate.canaltech.com.br/noticia/mercado/A-situacao-dos-tablets-nos-negocios/>. Acesso em: 24 jan. 2017.

ALBRES, N. de A. A construção dos sinais e sua mobilidade específica. In: LACERDA, C. B. F. de; SANTOS, L. F. dos. (Org.). **Tenho um aluno surdo, e agora?**: introdução à Libras e educação de surdos. São Carlos: EdUFSCar, 2013. p. 81-98.

____. Integração entre metáfora, metonímia e iconicidade: estudos da linguística cognitiva. In: ALBRES, N. de A.; XAVIER, A. N. (Org.). **Libras em estudo**: descrição e análise. São Paulo: Feneis, 2012. p. 57-84.

ALBRES, N. de A. **Relações dialógicas entre professores surdos sobre o ensino de Libras**. 305 f. Tese (Doutorado em Educação Especial) – Universidade Federal de São Carlos, São Carlos, 2014. Disponível em: <https://repositorio.ufscar.br/bitstream/handle/ufscar/2924/5702.pdf?sequence=1&isAllowed=y>. Acesso em: 15 jan. 2017.

ALBRES, N. de A.; NEVES, S. L. G. **A construção de glossário Libras-português como instrumento didático-pedagógico para formação de professor bilíngue**. Disponível em: <http://portal.sme.prefeitura.sp.gov.br/Portals/1/Files/19329.pdf>. Acesso em: 31 dez. 2016.

ARANHA, M. L. A. **História da educação**. São Paulo: Moderna, 1996.

BAGNO, M. **Preconceito linguístico**: o que é, como se faz. 49. ed. São Paulo: Edições Loyola, 2007.

BAKER, C.; COKELY, D. **American Sign Language**: a Teacher's Resource Text on Grammar and Culture. Silver Spring: TJ Publishers, 1980.

BAKHTIN, M. **Estética da criação verbal**. 5. ed. São Paulo: M. Fontes, 2010a.

_____. **Questões de literatura e de estética**: a teoria do romance. São Paulo: Hucitec, 2010b.

BAKHTIN, M.; VOLOCHÍNOV. **Marxismo e filosofia da linguagem**: problemas fundamentais do método sociológico na ciência da linguagem. 13. ed. São Paulo: Hucitec, 2009.

BATTISON, R. Phonological Deletion in American Sign Language. **Sign Language Studies**, Washington, v. 5, p. 1-19, 1974.

BELLUGI, U. et al. The Acquisition of Syntax and Space in Young Deaf Signers. In: BISHOP, D.; MOGFORD, K. (Ed.). **Language Development in Exceptional Circumstances**. Hillsdale: Lawrence Erlbaum Associates, 1993. p. 132-149.

BENVENISTE, E. **Problemas de linguística geral II**. Campinas: Pontes, 1989.

BERGER, P. L.; LUCKMANN, T. **A construção social da realidade**. 30. ed. Petrópolis: Vozes, 2009.

BRASIL. Decreto n. 5.626, de 22 de dezembro de 2005. **Diário Oficial da União**, Poder Executivo, Brasília, DF, 23 dez. 2005. Disponível em: <http://www.planalto.gov.br/ccivil_03/_ato2004-2006/2005/decreto/d5626.htm>. Acesso em: 30 jan. 2019.

_____. Lei n. 10.098, de 19 de dezembro de 2000. **Diário Oficial da União**, Poder Legislativo, Brasília, DF, 20 dez. 2000. Disponível em: <http://www.planalto.gov.br/ccivil_03/leis/L10098.htm>. Acesso em: 31 dez. 2016.

_____. Lei n. 10.436, de 24 de abril de 2002. **Diário Oficial da União**, Poder Legislativo, Brasília, DF, 25 abr. 2002. Disponível em: <http://www.planalto.gov.br/ccivil_03/leis/2002/L10436.htm>. Acesso em: 30 jan. 2019.

_____. Lei n. 12.319, de 1 de setembro de 2010. **Diário Oficial da União**, Poder Legislativo, Brasília, DF, 2 set. 2010. Disponível em: <http://www.planalto.gov.br/ccivil_03/_Ato2007-2010/2010/Lei/L12319.htm>. Acesso em: 31 dez. 2016.

_____. Lei n. 13.005, de 25 de junho de 2014. **Diário Oficial da União**, Poder Legislativo, Brasília, DF, 26 jun. 2014. Disponível em: <http://www.planalto.gov.br/ccivil_03/_ato2011-2014/2014/lei/l13005.htm>. Acesso em: 31 dez. 2016.

BRITO, L. F. **Integração social & educação de surdos**. Rio de Janeiro: Babel, 1993.

_____. **Por uma gramática de língua de sinais**. Rio de Janeiro: Tempo Brasileiro, 1995.

CALVET, L.-J. **Sociolinguística**: uma introdução crítica. São Paulo: Parábola, 2002.

CAPOVILLA, F. C.; RAPHAEL, W. D.; MAURÍCIO, A. C. L. **Dicionário enciclopédico ilustrado trilíngue**. 3. ed. rev. e ampl. São Paulo: Edusp, 2013.

COSTA, M. R. **Proposta de modelo de enciclopédia visual bilíngue juvenil**: enciclolibras. 151 f. Dissertação (Mestrado em Linguística) – Universidade de Brasília, Brasília, 2012. Disponível em: <http://repositorio.unb.br/bitstream/10482/13558/1/2012_MessiasRamosCosta.pdf>. Acesso em: 15 jan. 2017.

DORZIAT, A. **Estudos surdos**: diferentes olhares. Porto Alegre: Mediação, 2003.

EMMOREY, K.; BELLUGI, U.; KLIMA, E. Organização neural da língua de sinais. In: MOURA, M. C.; LODI, A. C. B.; PEREIRA, M. C. (Org.). **Língua de sinais e educação do surdo**. São Paulo: Sociedade Brasileira de Neuropsicologia, 1993. p. 19-40.

ESCOLAS INCLUSIVAS: sonho ou realidade? Disponível em: <http://escolas inclusivas.blogspot.com.br/>. Acesso em: 31 dez. 2016.

FARIA, S. P. de. **A metáfora na LSB e a construção dos sentidos no desenvolvimento da competência comunicativa de alunos surdos**. 316 f. Dissertação (Mestrado em Linguística) – Universidade de Brasília, Brasília, 2003.

____. Metáfora na LSB: por debaixo dos panos ou a um palmo de nosso nariz? **Educação Temática Digital**, v. 7, n. 2, p. 179-199, 2006.

FAZENDA: vaca – Rimar R. Segala e Sueli Ramalho. 17 mar. 2011. Disponível em: <https://www.youtube.com/watch?v=NtN98y67ukM&index=13&list= PL3DB52722ACAE5F88>. Acesso em: 24 jan. 2017.

FAZENDO OPINIÃO. **Diversão II**. 27 maio 2010. Disponível em: <http:// fazendopiniao.blogspot.com.br/>. Acesso em: 24 jan. 2017.

FEBRAPILS – Federação Brasileira das Associações dos Profissionais Tradutores e Intérpretes e Guiaintérpretes de Língua de Sinais. Disponível em: <http:// febrapils.blogspot.com.br>. Acesso em: 24 jan. 2017.

FELIPE, T. A.; MONTEIRO, M. S. **Libras em contexto**: curso básico – livro do professor. 6. ed. Brasília: Ministério da Educação; Secretaria de Educação Especial, 2007.

FESTIVAL do folclore surdo. Disponível em: <https://festivaldefolcloresurdo.com/ fotos-2014/#jp-carousel-1211>. Acesso em: 7 fev. 2017.

FIORIN, J. A linguagem humana: do mito à ciência. In: FIORIN, J. L. (Org.). **Linguística? Que é isso?** São Paulo: Contexto, 2013a. p. 13-43.

____. **Linguística? Que é isso?** São Paulo: Contexto, 2013b.

FOUCAULT, M. **Microfísica do poder**. Rio de Janeiro: Graal, 1979.

FRANÇA, A. **Profissionais recebem formação para aprimorar conhecimento de Libras**. 27 ago. 2009. Disponível em: <http://www.bemparana.com.br/metropole/index.php/2009/08/27/profissionais-recebem-formacao-para-aprimorar-conhecimento-de-libras/>. Acesso em: 24 jan. 2017.

FRIEDMAN, L. Space, Time and Person Reference in American Sign Language. **Language**, v. 51, n. 4, p. 940-961, 1975.

GAMA, F. J. da. **Iconographia dos signaes dos surdos-mudos**. Rio de Janeiro: Typographia Universal de E. & H. Laemmert, 1875.

GEGE – Grupo de Estudos dos Gêneros do Discurso. **Palavras e contrapalavras**: glossariando conceitos, categorias e noções de Bakhtin. São Carlos: Pedro & João Editores, 2009.

GOLDFELD, M. **A criança surda**: linguagem e cognição numa perspectiva sociointeracionista. São Paulo: Plexus, 2007.

GRUPO mãos de fada. Disponível em: <http://grupomaosdefada.webnode.com/galeria-de-fotos/#ceu-sao-raf-jpg>. Acesso em: 7 fev. 2017.

HARISSON, K. M. P. Libras: apresentando a língua e suas características. In: LACERDA, C. B. F. de; SANTOS, L. F. dos. (Org.). **Tenho um aluno surdo, e agora?**: introdução à Libras e educação de surdos. São Carlos: EdUFSCar, 2013. p. 27-36.

HISTÓRIA dos surdos. Disponível em: <http://www.pead.faced.ufrgs.br/sites/publico/eixo7/libras/unidade2/historia_surdos.htm>. Acesso em: 24 jan. 2017a.

_____. Disponível em: <http://www.pead.faced.ufrgs.br/sites/publico/eixo7/libras/unidade2/historia_surdos.htm>. Acesso em: 24 jan. 2017b.

IBGE – Instituto Brasileiro de Geografia e Estatística. **Censo Demográfico 2010**: características gerais da população, religião e pessoas com deficiência. Rio de Janeiro, 2010. Disponível em: <http://biblioteca.ibge.gov.br/visualizacao/periodicos/94/cd_2010_religiao_deficiencia.pdf>. Acesso em: 4 fev. 2019.

KAIL, M. **Aquisição de linguagem**. São Paulo: Parábola, 2013.

KLIMA, E.; BELLUGI, U. **The Signs of Language**. Cambridge: Harvard University Press, 1979.

LACERDA, C. B. F. de. A inclusão escolar de alunos surdos: o que dizem alunos, professores e intérpretes sobre esta experiência. **Cadernos Cedes**, Campinas, v. 26, n. 69, p. 163-184, maio/ago. 2006. Disponível em: <www.scielo.br/pdf/ccedes/v26n69/a04v2669>. Acesso em: 15 jan. 2017.

_____. A prática fonoaudiológica frente às diferentes concepções de linguagem. **Revista Espaço**, Rio de Janeiro, v. 10, p. 30-40, 1998a.

_____. Tradutores e intérpretes de Língua Brasileira de Sinais: formação e atuação nos espaços educacionais inclusivos. **Cadernos de Educação**, Pelotas, v. 36, p. 133-153, maio/ago. 2010. Disponível em: <https://periodicos.ufpel.edu.br/ojs2/index.php/caduc/article/download/1604/1487>. Acesso em: 16 jan. 2017.

_____. Um pouco da história das diferentes abordagens na educação dos surdos. **Cadernos Cedes**, Campinas, v. 19, n. 46, set. 1998b. Disponível em: <http://www.scielo.br/scielo.php?script=sci_arttext&pid=S0101-32621998000300007&lng=en&nrm=iso>. Acesso em: 16 jan. 2017.

LACERDA, C. B. F. de; GÓES, M. C. R. A educação infantil e o processo de construção da condição bilíngue pela criança surda. In: ENCONTRO DE PESQUISA EM EDUCAÇÃO DA REGIÃO SUDESTE – ANPED, 8., 2007, Vitória.

LAKOFF, G.; JOHNSON, M. **Metáforas da vida cotidiana**. São Paulo: Mercado de Letras, 2002.

LEITE, T. de A. **A segmentação da língua de sinais brasileira (libras)**: um estudo linguístico descritivo a partir da conversação espontânea entre surdos. 280 f. Tese (Doutorado em Letras) – Universidade de São Paulo, São Paulo, 2008a. Disponível em: <http://www.teses.usp.br/teses/disponiveis/8/8147/tde-25092008-160005/publico/TESE_TARCISIO_DE_ARANTES_LEITE.pdf>. Acesso em: 4 fev. 2019.

_____. Língua, identidade e educação de surdos. **Ponto Urbe**, v. 2, 2008b. Disponível em: <https://pontourbe.revues.org/pdf/1912>. Acesso em: 16 jan. 2017.

LEONTIEV, A. N. Os princípios psicológicos da brincadeira pré-escolar. In: VIGOTSKII, L. S.; LURIA, A. R.; LEONTIEV, A. N. **Linguagem, desenvolvimento e aprendizagem**. São Paulo: Ícone, 2001. p. 119-142.

LIDDELL, S. K. Blended spaces and deixis in sign language discourse. In: McNEILL, D. (Ed.). **Language and gesture**. Cambridge University Press, 2000, p. 331-357.

_____. **Grammar, Gesture, and Meaning in American Sign Language**. Cambridge: Cambridge University Press, 2003.

_____. Nonmanual Signals and Relative Clauses in American Sign Language. In: SIPLE, P. P. (Ed.). **Understanding Language Through Sign Language Research**. New York: Academic Press, 1978. p. 59-90.

_____. Real, Surrogate, and Token Space: Grammatical Consequences in ASL. In: EMMOREY, K.; REILLY, J. (Ed.). **Language, Gesture and Space**. Hilssdale: Lawrence Erlbaum Associates, 1995. p. 19-41.

_____. Spatial Representations in Discourse: Comparing Spoken and Signed Language. **Lingua**, v. 98, p. 145-168, 1996.

LIDDELL, S. K.; METZGER, M. Gesture in Sign Language Discourse. **Journal of Pragmatics**, v. 30, n. 6, p. 657-697, 1998.

LIRA, G. de A.; SOUZA, T. A. F de (Org.). **Dicionário da língua brasileira de sinais**: Libras – versão 2.0. 2005. Disponível em: <http://www.ines.gov.br/dicionario-de-libras/main_site/libras.htm>. Acesso em: 16 jan. 2017.

LODI, A. C. B.; LACERDA, C. B. F.de (Org.). **Uma escola duas línguas**: letramento em língua portuguesa e língua de sinais nas etapas iniciais de escolarização. 2. ed. Porto Alegre: Mediação, 2009.

LODI, A. C. B.; LUCIANO, R. de T. Desenvolvimento da linguagem de crianças surdas em língua brasileira de sinais. In: LODI, A. C. B.; LACERDA, C. B. F. de. (Org.). **Uma escola, duas línguas**: letramento em língua portuguesa e língua de sinais nas etapas iniciais de escolarização. 2. ed. Porto Alegre: Mediação, 2009. p. 33-50.

LUCHESI, M. R. C. **Educação de pessoas surdas**: experiências vividas, histórias narradas. Campinas: Papirus, 2003.

LULKIN, S. A. Atividades dramáticas com estudantes surdos. In: SKLIAR, C. (Org.). **Educação & exclusão**: abordagens sócio-antropológicas em educação especial. Porto Alegre: Mediação, 1997. p. 53-66.

LUZ, R. D. **Cenas surdas**: os surdos terão lugar no coração do mundo? São Paulo: Parábola, 2013.

MACHADO, F. **Exposição "Arte Surda" – Ines/Feneis/Arpef**. 14 set. 2010. Disponível em: <https://lingcult.wordpress.com/2010/09/14/exposicao-arte-surda-ines-feneis-arpef>. Acesso em: 24 jan. 2017.

MANUAL de alfabeto em Libras para surdocego. 24 jun. 2012. Disponível em: <http://escolasinclusivas.blogspot.com.br/>. Acesso em: 24 jan. 2017.

MARTINS, T. A.; BIDARRA, J. A ambiguidade lexical em Libras: as dificuldades dos candidatos face ao Prolibras. **Trama**, v. 7, n. 14, p. 135-146, 2011. Disponível em: <http://e-revista.unioeste.br/index.php/trama/article/download/5790/4381>. Acesso em: 18 jan. 2017.

MARTINS, V. R. O. **Educação de surdos no paradoxo da inclusão com intérprete de língua de sinais**: relações de poder e (re)criações do sujeito. 149 f. Dissertação (Mestrado em Educação) – Universidade Estadual de Campinas, Campinas, 2008. Disponível em: <http://www.bibliotecadigital.unicamp.br/document/?down=vtls000442588>. Acesso em: 16 jan. 2017.

_____. Intérprete de língua de sinais, legislação e educação: o que temos, ainda, a "escutar" sobre isso? **Educação Temática Digital**, Campinas, v. 8, p. 171-191, jun. 2007 Disponível em: <http://periodicos.sbu.unicamp.br/ojs/index.php/etd/article/view/698>. Acesso em: 1 jan. 2017.

_____. **Posição-mestre**: desdobramentos foucaultianos sobre a relação de ensino do intérprete de língua de sinais educacional. 253 f. Tese (Doutorado em Educação) – Universidade Estadual de Campinas, Campinas, 2013. Disponível em: <http://www.bibliotecadigital.unicamp.br/document/?down=000915028>. Acesso em: 16 jan. 2017.

MARTINS, V. R. O.; LACERDA, C. B. F. de. Letramento e surdez: de qual concepção de linguagem estamos falando? In: OLIVEIRA, A. A. S. et al. (Org.). **Prácticas pedagógicas en educación especial**: hacia una escuela inclusiva. Madrid: Universidad de Alcalá, 2014. p. 209-226.

MARTINS, V. R. O.; SOUZA, R. M. de. Intérprete de língua de sinais educacional, para além de um instrumento: rádio (inter)ativo? **Lengua de Señas e Interpretación**, Montevideo, v. 2, p. 69-92, 2011.

MCCLEARY, L.; VIOTTI, E. Língua e gesto em línguas sinalizadas. **Veredas Atemática**, Juiz de Fora, v. 1, p. 289-304, 2011.

_____. **Semântica e pragmática**. Florianópolis, 2009. Disponível em: <http://www.libras.ufsc.br/colecaoLetrasLibras/eixoFormacaoBasica/semanticaEPragmatica/assets/722/Texto_base_Semantica-Final_2_dez_2008.pdf>. Acesso em: 5 fev. 2019.

_____. Transcrição de dados de uma língua sinalizada: um estudo piloto da transcrição de narrativas na língua de sinais brasileira (LSB). In: LIMA-SALLES, H. M. M. (Org.). **Bilinguismo e surdez**: questões linguísticas e educacionais. Brasília: Ed. da UnB, 2007. p. 1-28.

MCCLEARY, L.; VIOTTI, E.; LEITE, T. de A. Descrição das línguas sinalizadas: a questão da transcrição dos dados. **Alfa**, São Paulo, v. 54, n. 1, p. 265-289, 2010.

MISTUREBAS. **Jovem chega à faculdade na China fazendo prova com os pés**. 25 jun. 2015. Disponível em: <http://www.misturebas.com/site/jovem-deficiente-chega-a-faculdade-na-china-fazendo-prova-com-os-pes/>. Acesso em: 24 jan. 2017.

MOREIRA, R. L. **Uma descrição da dêixis de pessoa na língua de sinais brasileira**: pronomes pessoais e verbos indicadores. 150 f. Dissertação (Mestrado em Linguística) – Universidade de São Paulo, São Paulo, 2007. Disponível em: <http://www.teses.usp.br/teses/disponiveis/8/8139/tde-13112007-103644/publico/TESE_RENATA_LUCIA_MOREIRA.pdf>. Acesso em: 7 fev. 2019.

MOURA, M. C. **O surdo**: caminhos para uma nova identidade. Rio de Janeiro: Revinter, 2000.

NARDELE. **Cenas de consultórios**. 16 jun. 2010. Disponível em: <https://agoramesmo.wordpress.com/2010/06/16/cenas-de-consultorios/>. Acesso em: 24 jan. 2017.

NASCIMENTO, M. V. B. **Educação de surdos**: o papel do fonoaudiólogo na decisão da família por sistemas bilíngues/especiais ou inclusivos. 73 f. Trabalho de Conclusão de Curso (Graduação em Fonoaudiologia) – Pontifícia Universidade Católica de São Paulo, São Paulo, 2009.

NASCIMENTO, S. P. de F. do. **Representações lexicais da LSB**: uma proposta lexicográfica. 325 f. Tese (Doutorado em Linguística) – Universidade de Brasília, Brasília, 2009.

NORTHERN, J. P.; DOWNS, M. P. **Hearing in Children**. 4. ed. Baltimore: Williams & Wilkins, 1991.

OLIVEIRA, M. K. Vygotsky e o processo de formação de conceitos. In: LA TAILLE, Y.; OLIVEIRA, M. K.; DANTAS, H. (Org.). **Piaget, Vygotsky, Wallon**: teorias psicogenéticas em discussão. São Paulo: Summus, 1992. p. 23-34.

PEREZ, L. C. A. **Dez dicas para uma boa redação**. Disponível em: <http://portugues.uol.com.br/redacao/dez-dicas-para-uma-boa-redacao.html>. Acesso em: 24 jan. 2017.

PERLIN, G. Identidades surdas. In: SKLIAR, C. (Org.). **A surdez**: um olhar sobre as diferenças. Porto Alegre: Mediação, 1998. p. 51-73.

PERLIN, G.; QUADROS, R. M. de. Ouvinte: o outro do ser surdo. In: QUADROS, R. M. de. (Org.). **Estudos surdos I**. Petrópolis: Arara Azul, 2008. p. 166-185. (Série Pesquisas).

PFAU, R. The Grammaticalization of Headshakes: from Head Movement to Negative Head. In: SMITH, A. D. M.; TROUSDALE, G.; WALTEREIT, R. (Ed.). **New Directions in Grammaticalization Research**. Amsterdam: John Benjamins Publishing Company, 2015. p. 9-50.

PFAU, R.; STEINBACH, M. Grammaticalization in Sign Languages. In: HEINE, B.; NARROG, H. (Ed.). **The Oxford Handbook of Grammaticalization**. Oxford: Oxford University Press, 2011. p. 683-695.

PIB – Povos Indígenas no Brasil. **Ka'apor**. Disponível em: <http://pib.socioambiental.org/pt/povo/kaapor/652>. Acesso em: 4 fev. 2019.

PREFEITURA DE SÃO PAULO. Secretaria Municipal da Pessoa com Deficiência. **Central de Interpretação em Libras – CIL**. Disponível em: <http://www.prefeitura.sp.gov.br/cidade/secretarias/pessoa_com_deficiencia/sao_paulo_mais_inclusiva/index.php?p=203752>. Acesso em: 24 jan. 2017.

PRESIDENTE Michel Temer faz pronunciamento sobre a greve dos caminhoneiros. 25 maio 2018. Disponível em: <https://www.youtube.com/watch?v=W1n8Xq6-2g8>. Acesso em: 8 fev. 2019.

QUADROS, R. M. de. Efeitos de modalidade de língua: as línguas de sinais. **Educação Temática Digital**, Campinas, v. 7, n. 2, p. 168-178. 2006.

QUADROS, R. M. de; CRUZ, C. R.; PIZZIO, A. L. Memória fonológica em crianças bilíngues bimodais e crianças com implante coclear. **ReVEL**, v. 10, n. 19, 2012.

QUADROS, R. M. de; KARNOPP, L. B. **Língua de sinais brasileira**: estudos linguísticos. Porto Alegre: Artmed, 2004.

QUADROS, R. M. de; LILLO-MARTIN, D.; PICHLER, D. C. Desenvolvimento bilíngue intermodal: implicações para educação e interpretação de língua de sinais. In: MOURA, M. C. de; CAMPOS, S. R. L. de; VERGAMINI, S. A. A. (Org.). **Educação para surdos**: práticas e perspectivas II. São Paulo: Santos, 2011. p. 1-13.

QUADROS, R. M. de; PIZZIO, A. L.; REZENDE, P. L. F. **Língua brasileira de sinais I**. Florianópolis: UFSC, 2009.

QUADROS, R. M. de; STUMPF, M. R. **Estudos surdos IV**. Petrópolis: Arara Azul, 2009. (Série Pesquisas).

QUADROS, R. M. de; SUTTON-SPENCE, R. Poesia em língua de sinais: traços da identidade surda. In: QUADROS, R. M. de. (Org.). **Estudos surdos I**. Petrópolis: Arara Azul, 2006. p. 110-165.

QUEIROZ, I. A. Apontamentos sobre o conceito de cultura no Círculo de Bakhtin e a esfera político-cultural no Brasil contemporâneo. In: ENCONTRO DOS ESTUDOS BAKHTINIANOS, 2., 2013, Vitória.

RAMOS, C. R. **Libras**: a língua de sinais dos surdos brasileiros. Petrópolis: Editora Arara Azul, 2003.

ROBINS, R. H. **Linguística geral**. 2. ed. Porto Alegre: Globo, 1981.

RIBEIRO, S. ELS e língua portuguesa (ELO). 23 out. 2008. Disponível em: <http://escritadesinais.blogspot.com.br/2008/10/els-e-lngua-portuguesa-elo.html>. Acesso em: 24 jan. 2017.

RODRIGUES, N. Organização neural da linguagem. In: MOURA, M. C.; LODI, A. C. B.; PEREIRA, M. C. (Org.). **Língua de sinais e educação do surdo**. São Paulo: Sociedade Brasileira de Neuropsicologia, 1993. p. 5-18.

SACKS, O. **Vendo vozes**: uma viagem ao mundo dos surdos. São Paulo: Companhia das Letras, 1998.

SÃO PAULO (Município). Secretaria de Educação. Diretoria de Orientação Técnica. **Cadernos de apoio e aprendizagem**: Libras. São Paulo: Aurea, 2012.

SAUSSURE, F. de. **Curso de linguística geral**. 28. ed. São Paulo: Cultrix, 2012.

SEU NOME é Jonas. Disponível em: <https://www.youtube.com/watch?v=7Lvjv-jpgUc>. Acesso em: 1 jan. 2017.

SOARES, M. A. L. **A educação do surdo no Brasil**. Campinas: Autores Associados, 1999.

SOBRAL, A. U. **Dizer o "mesmo" a outros**: ensaios sobre tradução. São Paulo: SBS, 2008.

SOFIATO, C. G. **Do desenho à litografia**: a origem da língua brasileira de sinais. 290 f. Tese (Doutorado em Artes) – Universidade Estadual de Campinas, Campinas, 2011. Disponível em: <http://repositorio.unicamp.br/jspui/handle/REPOSIP/284471>. Acesso em: 7 fev. 2019.

SOU SURDA e não sabia. Disponível em: <https://www.youtube.com/watch?v=Vw364_Oi4xc>. Acesso em: 1 jan. 2017.

SOUSA, D. Um olhar sobre os aspectos linguísticos da língua brasileira de sinais. **Littera**, São Luís, v. 1, n. 2, p. 88-100, 2010. Disponível em: <http://www.porsinal.pt/index.php?ps=artigos&idt=artc&cat=9&idart=129>. Acesso em: 1 jan. 2017.

SOUZA, R. B.; SEGALA, R. R. A perspectiva social na emergência das línguas de sinais: a noção de comunidade de fala e idioleto segundo o modelo teórico laboviano. In: QUADROS, R. M.; STUMPF, M. R. (Org.). **Estudos surdos IV**. Petrópolis: Arara Azul, 2009, p. 21-48. (Série Pesquisas). Disponível em: <http://www.librasgerais.com.br/materiais-inclusivos/downloads/Estudo-Surdos-IV-SITE.pdf>. Acesso em: 8 fev. 2017.

SOUZA, R. M. de. **Que palavra que te falta?** Linguística, educação e surdez. São Paulo: M. Fontes, 1998.

STOKOE, W. C. **Sign Language Structure**. Silver Spring: Linstok Press, 1978.

_____. Sign Language Structure: an Outline of the Visual Communication Systems of the American Deaf. **Journal of Deaf Studies and Deaf Education**, v. 10, n. 1, p. 3-37, 2005. Disponível em: <https://jdsde.oxfordjournals.org/content/10/1/3.full.pdf+html>. Acesso em: 23 jan. 2017.

STOKOE, W. C.; CASTERLINE, D. C.; CRONEBERG, C. G. **A Dictionary of American Sign Language on Linguistic Principles**. Silver Spring: Linstok Press, 1976.

STROBEL, K. **As imagens do outro sobre a cultura surda**. Florianópolis: Ed. da UFSC, 2008.

SURDOCEGO "assistindo" a jogo da Copa: Brasil e Croácia (com legenda na fala do Carlos). Disponível em: <https://www.youtube.com/watch?v=TK2AgzBBvKw>. Acesso em: 7 fev. 2019.

TEATRO ACESSÍVEL. **Galerias**: intérprete de Libras. Disponível em: <http://www.escoladegente.org.br/teatroacessivel/images/gallery/thumb-libras2.jpg>. Acesso em: 24 jan. 2017.

THE MODERN GUILT. **Love Patricia Field!** 6 set. 2009. Disponível em: <https://themodernguilt.wordpress.com/page/834/>. Acesso em: 7 fev. 2019.

THOMA, A. da S. Educação dos surdos: dos espaços e tempos de reclusão aos espaços e tempos inclusivos. In: THOMA, A. da S.; LOPES, M. C. (Org.). **A invenção da surdez II**: espaços e tempos de aprendizagem na educação de surdos. Santa Cruz do Sul: Edunisc, 2006. p. 9-25.

THOMA, A. da S.; LOPES, M. C. **A invenção da surdez**: cultura, alteridade, identidades e diferença no campo da educação. Santa Cruz do Sul: Edunisc, 2004.

TURETTA, B. A. dos R. **Crianças com necessidades especiais em atividades de brincadeira no contexto da educação infantil**. 135 f. Tese (Doutorado em Educação) – Universidade Metodista de Piracicaba, Piracicaba, 2013.

TUXI, P. Proposta de organização de verbete em glossários terminológicos bilíngues: língua brasileira de sinais e língua portuguesa. **Cadernos de Tradução**, Florianópolis, v. 35, n. 2, 2015. Disponível em: <https:periodicos.ufsc.br/index.php/traducao/article/view/2175-7968.2015v35nesp2p557/30725>. Acesso em: 1 jan. 2017.

VERGAMINI, S. A. A. (Org.). **Mãos fazendo história**. Petrópolis: Arara Azul, 2003.

VILHALVA, S. **Índios surdos**: mapeamento das línguas de sinais do Mato Grosso do Sul. Petrópolis: Arara Azul, 2012.

____. **Mapeamento das línguas de sinais emergentes**: um estudo sobre as comunidades linguísticas indígenas de Mato Grosso do Sul. 137 f. Dissertação (Mestrado em Linguística) – Universidade Federal de Santa Catarina, Florianópolis, 2009. Disponível em: <https://repositorio.ufsc.br/xmlui/bitstream/handle/123456789/92972/271269.pdf?sequence=1&isAllowed=y>. Acesso em: 16 jan. 2017.

VYGOTSKY, L. S. **A formação social da mente**: o desenvolvimento dos processos psicológicos superiores. São Paulo: M. Fontes, 1984.

____. ____. 7. ed. São Paulo: M. Fontes, 2007.

____. **Historia del desarrollo de las funciones psíquicas superiores**. Madri, Visor, 1995. (Obras Escogidas, v. III).

VYGOTSKY, L. S. **Pensamento e linguagem**. 4. ed. São Paulo: M. Fontes, 2008.

WILCOX, S.; WILCOX, P. P. **Aprender a ver**: o ensino da língua de sinais americana como segunda língua. Rio de Janeiro: Arara Azul, 2005.

XAVIER, A. N. **Descrição fonético-fonológica dos sinais da língua de sinais brasileiras (Libras)**. 175 f. Dissertação (Mestrado em Linguística) – Universidade de São Paulo, São Paulo, 2006. Disponível em: <http://www.teses.usp.br/teses/disponiveis/8/8139/tde-18122007-135347/publico/Dissertacao.pdf>. Acesso em: 4 fev. 2019.

XAVIER, A. N.; BARBOSA, P. A. Diferentes pronúncias em uma língua não sonora? Um estudo da variação na produção de sinais da Libras. **D.E.L.T.A.**, v. 30, n. 2, p. 371-413, 2014. Disponível em: <http://www.scielo.br/pdf/delta/v30n2/0102-4450-delta-30-02-0371.pdf>. Acesso em: 4 fev. 2019.

Bibliografia comentada

BRASIL. Lei n. 10.436, de 24 de abril de 2002. **Diário Oficial da União**, Poder Legislativo, Brasília, DF, 25 abr. 2002. Disponível em: <http://www.planalto.gov.br/ccivil_03/leis/2002/L10436.htm>. Acesso em: 8 fev. 2019.

Esta lei, conhecida como Lei Libras, reconhece a Libras como meio de expressão das comunidades surdas. Trata-se de um marco legal para os surdos e, por isso, merece a leitura.

BRASIL. Decreto n. 5.626, de 22 de dezembro de 2005. **Diário Oficial da União**, Poder Executivo, Brasília, DF, 23 dez. 2005. Disponível em: <http://www.planalto.gov.br/ccivil_03/_ato2004-2006/2005/decreto/d5626.htm>. Acesso em: 8 fev. 2019.

Lei que regulamenta a Lei n. 10.436/2002 e dá outras providências, abordando a inclusão da disciplina de Libras no currículo das licenciaturas, orientando sobre as questões educacionais e outras medidas relevantes para a comunidade surda.

BRASIL. Lei n. 10.098, de 19 de dezembro de 2000. **Diário Oficial da União**, Poder Legislativo, Brasília, DF, 20 dez. 2000b. Disponível em: <http://www.planalto.gov.br/ccivil_03/leis/L10098.htm>. Acesso em: 8 fev. 2019.

Esta lei estabelece normas gerais e critérios básicos para a promoção da acessibilidade das pessoas portadoras de deficiência ou com mobilidade reduzida e dá outras providências; texto importante para licenciandos que atenderão aos diversos alunos, incluindo o público-alvo da educação especial.

LACERDA, C. B. F. de; SANTOS, L. F. dos (Org.). **Tenho um aluno surdo, e agora?** São Carlos: EdUFSCar, 2013.

Este livro, organizado e escrito por pesquisadores e docentes de Língua Brasileira de Sinais (Libras), visa a compartilhar conhecimentos acerca das questões que envolvem a surdez, a Libras e a educação de alunos surdos. Trata-se de uma obra para aqueles que estão iniciando seu aprendizado da língua e adentrando no universo da surdez, bem como para futuros professores, que, a partir das leituras, podem desmistificar alguns conceitos advindos do senso comum e se prepararem melhor para os possíveis encontros com sujeitos surdos. O livro é dividido em três partes e aborda: questões introdutórias acerca da surdez e da Libras;

aspectos linguísticos e históricos da Libras; educação de surdos. Com linguagem clara e conceitos-chave sobre a temática, tal obra se mostra relevante aos estudantes da disciplina de Libras.

GESSER, A. **Libras?**: que língua é essa? – crenças e preconceitos em torno da língua de sinais e da realidade surda. São Paulo: Parábola, 2009.

Leitura de suma importância aos aprendizes de Libras, este livro busca responder às questões mais comuns no que diz respeito ao tema proposto. Cada uma das três partes que dividem a obra – a Libras; o surdo; a surdez – explora de forma bastante clara e objetiva os mitos e preconceitos existentes, cita passagens históricas importantes, apresenta relatos de sujeitos surdos de diferentes locais e com diversas vivências e experiências e aborda de forma crítica a legislação brasileira que cerca esta área. Desta forma, esse livro serve de embasamento para pesquisadores, professores, estudantes e pais de surdos que visem ao conhecimento sobre esse tema ainda tão polêmico.

LACERDA, C. B. F. de; SANTOS, L. F. dos; MARTINS, V. R. de O. (Org.). **Escola e diferença**: caminhos para educação bilíngue de surdos. São Carlos: EdUFSCar, 2016.

Esta obra se propõe a apresentar reflexões de diferentes profissionais que compõem o cenário educacional, acerca de sua atuação – no fazer e no pensar – em um espaço inclusivo bilíngue para surdos na rede municipal de ensino. Apesar dos obstáculos e percalços, os textos problematizam e marcam as muitas possibilidades de organização curricular e propostas pedagógicas, mobilizando no leitor o pensar sobre a possibilidade de construção de uma escola em que a surdez seja vista como protagonista e, ainda, como diferença que alavanca as mudanças.

Respostas

Capítulo 1

1. b
2. c
3. b
4. c
5. c

Capítulo 2

1. c
2. a
3. c
4. d
5. a

Capítulo 3

1. d
2. b
3. d
4. c
5. c

Capítulo 4

1. a
2. b
3. b
4. d
5. d

Capítulo 5

1. d
2. a
3. d
4. b
5. c

Capítulo 6

1. d
2. b
3. c
4. b
5. c

Capítulo 7

1. c
2. b
3. a
4. b
5. b

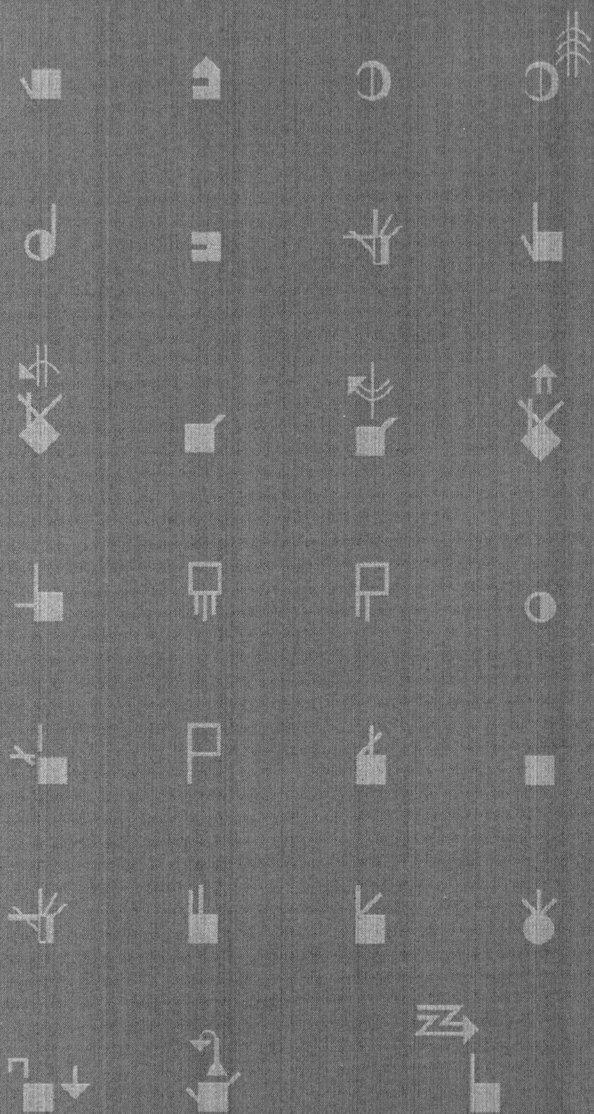

Sobre os autores

Beatriz Aparecida dos Reis Turetta

Graduada em Pedagogia, pelo Centro Universitário Salesiano de São Paulo (2001), mestre em Educação pela Universidade Metodista de Piracicaba (2006) e doutora em Educação também pela Universidade Metodista de Piracicaba (2013). Atualmente é bolsista PNPD/Capes de pós-doutorado pela Universidade Federal de São Carlos (UFSCar). Tem interesse de pesquisa em educação infantil, necessidades educativas especiais e educação de surdos.

Cristina Broglia Feitosa de Lacerda

Graduada em Fonoaudiologia pela Universidade de São Paulo (1984), mestre em Educação pela Universidade Estadual de Campinas (1992) e doutora em Educação pela Universidade Estadual de Campinas (1996). Fez o pós-doutorado no Centro de Pesquisa Italiano (CNR/Roma) em 2003. Atualmente é professora adjunta II da Universidade Federal de São Carlos (UFSCar) e coordenadora do Programa de Pós-Graduação em Educação Especial (PPGEEs). Assessora de redes municipais de educação para implantação e acompanhamento de Programa de Educação Inclusiva Bilíngue em Piracicaba, Campinas, São Paulo e São Carlos. Tem interesse em pesquisa na atuação do intérprete educacional de Libras. É consultora de diversas agências de fomento. Venceu o 56º Prêmio Jabuti (2014) na área de educação pela obra *Tenho um aluno surdo, e agora?*.

Joyce Cristina Souza Almeida

Formada em Tradução e Interpretação de Libras/Língua Portuguesa (Curso de Extensão) pela Universidade Federal de Uberlândia (2013) e graduanda em Letras-Inglês pela Universidade Cruzeiro do Sul. Atualmente é servidora técnica-administrativa no cargo de Tradutora e Intérprete de Libras, na Universidade Federal de São Carlos (UFSCar). Atuou como tradutora-intérprete de Libras em diferentes contextos, tendo experiência nas seguintes esferas: corporativa, eventos, conferências, cultural e educacional. Tem interesse de pesquisa na área de tradução e interpretação em Libras.

Lara Ferreira dos Santos

Graduada em Fonoaudiologia pela Universidade Metodista de Piracicaba (2003), mestre em Educação também pela Universidade Metodista de Piracicaba (2007) e doutora em Educação Especial pela Universidade Federal de São Carlos – UFSCar – (2014). Atualmente é professora assistente da UFSCar e vice-coordenadora do curso de bacharelado em Tradução e Interpretação em Libras/Língua Portuguesa. Atuou como tradutora-intérprete de Libras em diversos espaços, bem como enquanto assessora de redes municipais de educação para acompanhamento de Programa de Educação Inclusiva Bilíngue em Piracicaba, Campinas e São Carlos. Tem interesse de pesquisa na atuação do intérprete educacional de Libras, formação do instrutor/educador surdo e educação bilíngue. Venceu o 56º Prêmio Jabuti (2014) na área de educação pela obra *Tenho um aluno surdo, e agora?*.

Mariana de Lima Isaac Leandro Campos

Graduada em Ciência da Computação pelo Centro Universitário Barão de Mauá (2004), mestre em Educação pela Universidade Federal de Santa Catarina (2008) e doutora em Educação Especial pela Universidade Federal de São Carlos – UFSCar (2015). Atualmente, é professora assistente da UFSCar, coordenadora do curso de Bacharelado em Tradução e Interpretação em Libras/Língua Portuguesa e atua também como professora virtual pela Secretaria Geral de Educação a Distância (SEaD) – Universidade Aberta do Brasil (UAB) – da UFSCar. Tem interesse de pesquisas nas áreas de ensino a distância, estudos surdos, informática na educação de surdos, Libras, cultura surda, política, tecnologia especializada, comunidade surda, pedagogia, inclusão, diferença cultural, tecnologias assistivas.

Rimar Ramalho Segala

Graduado em Matemática pelo Centro Universitário Assunção (2004), também possui licenciatura em Libras pela Universidade Federal de Santa Catarina (2012) e é mestre em Estudos da Tradução pela Universidade Federal de Santa Catarina (2010). Atualmente é professor assistente da Universidade Federal de São Carlos (UFSCar). Atuou como docente em diversas universidades e tem experiência como tradutor. Tem interesse de pesquisa na área de Letras, tradução, educação, arte e literatura com ênfase em Língua Brasileira de Sinais.

Samantha Camargo Daroque

Graduada em Fonoaudiologia (2003) e em Interpretação de Língua Brasileira de Sinais (2007) pela Universidade Metodista de Piracicaba, especialista em Educação pelo Centro Universitário de Araras (2007) e mestre em Educação pela Universidade Metodista de Piracicaba (2011). Atualmente é professora assistente da Universidade federal de São Carlos (UFSCar) e vice-coordenadora do Curso Pré-Universitário Popular UFSCurso, em Araras. Atuou como docente e tradutora-intérprete de Libras em diversos espaços. Tem interesse de pesquisa nas áreas de educação de surdos, inclusão, tradução e interpretação em Libras, e ensino de Libras.

Sarah Leite Lisbão

Graduada em Interpretação em Língua Brasileira de Sinais pela Universidade Metodista de Piracicaba (2008) e graduanda em Letras-Espanhol pela Universidade Cruzeiro do Sul, em São Carlos. Atualmente é servidora técnica-administrativa, no cargo de tradutora e intérprete de Libras, na Universidade Federal de São Carlos (UFSCar). Atuou como tradutora-intérprete de Libras nas seguintes esferas: educacional, cultural e acadêmica, bem como em conferências. Tem interesse de pesquisa na área de tradução e interpretação em Libras.

Vanessa Regina de Oliveira Martins

Graduada em Pedagogia com habilitação em Educação Especial pela Pontifícia Universidade Católica de Campinas (2004), especialista em Psicopedagogia Institucional e Clínica pela Atualize/Unibem (2007), mestre em Educação pela Universidade Estadual de Campinas (2008) e doutora (2013) em Educação também pela Universidade Estadual de Campinas. Atualmente é professora assistente da Universidade Federal de São Carlos (UFSCar). Atuou como professora de educação especial na Prefeitura Municipal de Campinas e como professora bilíngue em sala regular multisseriada de surdos na educação infantil e no ensino fundamental I. Tem experiência como tradutora-intérprete de Libras em diferentes esferas discursivas, com ênfase na interpretação em contexto de ensino superior. Tem interesse de pesquisa em educação de surdos e educação inclusiva, intérprete de língua de sinais em contexto de ensino, educação bilíngue, relações de poder e saber, diferenças, práticas pedagógicas e surdez.

Vinícius Nascimento

Graduado em Fonoaudiologia pela Pontifícia Universidade Católica de São Paulo (2009), mestre (2011) e doutor (2017) em Linguística Aplicada e Estudos da Linguagem pela Pontifícia Universidade Católica de São Paulo. Atualmente é professor assistente da Universidade Federal de São Carlos (UFSCar). Compõe a equipe de assessoria para o Programa de Educação Bilíngue de Surdos da Secretaria de Educação da Cidade de São Paulo (2011-2012/2014-2015). Atuou como tradutor-intérprete de Libras em diferentes esferas de atividade. Tem interesse de pesquisa em Libras, língua portuguesa, educação bilíngue, tradução, interpretação, análise dialógica do discurso (ADD), leitura e análise da verbo-visualidade, estudos bakhtinianos e ergologia.